»Helena hat an vorderster Front vor den Gefahren der wirtschaftlichen Globalisierung und der ungezügelten Macht der Konzerne gewarnt und gleichzeitig aufgezeigt, dass radikale Alternativen in Form einer lokalisierten Wirtschaft sehr reale Utopien sind und keine Hirngespinste. Dieses Buch übt klare Kritik am Wahnsinn der ›Entwicklung‹ und beschreibt Wege in eine gerechtere, nachhaltige Zukunft. Eine unverzichtbare Lektüre für alle, insbesondere für Millennials und andere Jugendliche, die in den heutigen verwirrenden Zeiten aufwachsen.«

Ashish Kothari, Gründungsmitglied der
Umweltgruppe Kalpavriksh und Mitautor von
Churning the Earth: The Making of Global India

»Lokalisierung – ein sehr wichtiges Gegenmittel zur Globalisierung – ist die einzige Hoffnung für die Zukunft. Wenn unsere Zivilisation zusammenbricht, was eine sehr reale Bedrohung ist, wird die Menschheit nur überleben können, wenn sie die Prinzipien der Lokalisierung annimmt, und wenn wir ihren Zusammenbruch vermeiden wollen, müssen wir sie dringend annehmen. Lesen Sie dieses Buch!«

Iain McGilchrist,
Psychiater und Autor von *The Master and His Emissary*

Helena Norberg-Hodge

LOKAL IST UNSERE ZUKUNFT

Schritte zu einer Ökonomie des Glücks

NEUE ERDE

Local Futures setzt sich für die Erneuerung des ökologischen, sozialen und spirituellen Wohlbefindens ein, indem es den Weg in eine wirklich nachhaltige Zukunft aufzeigt – eine Zukunft mit vernetzten, lokalisierten Wirtschaftssystemen. Unser Flaggschiffprogramm »Ökonomie des Glücks« bietet eine Reihe von pädagogischen und praktischen Werkzeugen für Gemeinden und besorgte Bürger an und verbindet eine breite Palette von Initiativen, alternativen Instituten und Netzwerken weltweit miteinander. www.localfutures.org

Bücher haben feste Preise.
1. Auflage 2022

Helena Norberg-Hodge
Lokal ist unsere Zukunft

Übersetzt aus dem Englischen von Andreas Lentz

Die Originalausgabe erschien 2019 bei Local Futures
unter dem Titel »Local Is Our Future«
www.localfutures.org

Umschlag:
Foto: Catarina Belova/shutterstock.com
Gestaltung: Dragon Design, GB

Satz und Gestaltung:
Dragon Design, GB
Gesetzt aus der Palatino

Gesamtherstellung: Appel & Klinger, Schneckenlohe
Printed in Germany

ISBN 978-3-89060-819-8

Neue Erde GmbH
Cecilienstr. 29 · 66111 Saarbrücken
Deutschland · Planet Erde
www.neue-erde.de

FSC www.fsc.org
MIX
Papier aus verantwortungsvollen Quellen
FSC® C100257

Inhalt

Vorwort von Christian Felber

Ethischer Welthandel und Gemeinwohl-Orientierung

Die jüngste Pandemie und der Ukraine-Krieg haben gezeigt, wie vulnerabel globale Wertschöpfungsketten und Rohstoffabhängigkeit selbst die digitalsten, finanzialisiertesten und (scheinbar) dienstleistungsbasiertesten Ökonomien machen. In der Krisen-Serie zeigt sich: Lokalisierung, geschlossene Stoffkreisläufe und regionales Wirtschaften könnten unsere Wirtschaftsstrukturen nachhaltiger und resilienter machen.

Tatsächlich ist die Diskussion »global« versus »lokal« schon eine ältere, und die Globalisierung verlief in Wellen. 1933 formulierte John Maynard Keynes im Aufsatz *National Self-Sufficiency*: »Ich sympathisiere deshalb eher mit jenen, die ökonomische Beziehungen zwischen den Ländern minimieren wollen, als mit jenen, die sie maximieren wollen. Ideen, Know-How, Wissenschaft, Gastfreundschaft, Reisen – diese Dinge sollten von ihrem Wesen her international sein. Aber lasst Güter hausgemacht sein, wann immer das vernünftig und angemessen möglich ist, und vor allem, belasst die Finanzen im nationalen Kontext.« Geprägt von der Großen Depression, war er ein früher Verfechter ökonomischer Autarkie oder Subsidiarität: Handel sollte Nachrang haben und das Salz in der Suppe der lokalen Wirtschaft sein.

In der Nachkriegszeit entwickelte der Salzburger Leopold Kohr die Idee von der »optimalen Größe«. Er wandte sich gegen große Staaten und Wirtschaftseinheiten: »Wenn Kleinheit das geheimnisvolle Prinzip der Gesundheit der Natur darstellt und Größe das Prinzip der Krankheit, muss Teilung [...] das Prinzip der Heilung darstellen.« Sein Schüler Fritz Schumacher wurde für den Slogan »small is beautiful« bekannt, obwohl er von »appropriate scale«, der englischen Variante für »menschliches Maß« sprach. Schumacher setzte sich für »angepasste Technologien« ein, die nicht nur die ökologischen Lebensgrundlagen bewahren, sondern auch in den jeweiligen sozioökonomischen und kulturellen Kontext eingebettet sind, anstatt diesen zu überformen oder gar zentrale (Herrschafts-)Strukturen zu etablieren, man denke an Nuklearenergie, Gentechnik oder Künstliche Intelligenz.

Doch die Visionäre wurden nicht gehört. Wie Helena Norberg-Hodge in diesem Buch anschaulich beschreibt, wirkten 40 Jahre Globalisierung in die Gegenrichtung. Es begann mit dem Washington Consensus in den 1980er Jahren, 1994 mündete das GATT in die WTO. Ab den 2000er Jahren folgten mehrere Tausend bilaterale und plurilaterale Freihandels- und Investitionsschutzabkommen. Während es bis heute keinen Globalen Gerichtshof für die Menschenrechte oder einen Klimagerichtshof gibt – obwohl von visionären Juristinnen vorgeschlagen und sogar entworfen – erhielten juristische Personen alias transnationale Konzerne auf internationaler Ebene direkte Klagerechte gegen Staaten sowie Schiedsgerichte, die ihre Klagen entgegennehmen und verhandeln: vom ICSID der Weltbank bis zu UNCITRAL. »Erfolg« dieser rechtlich forcierten Globalisierung war ein stetig steigender Anteil der globalen Exporte und Importe in Relation zur Weltwirtschaftsleistung – von 12 Prozent 1970 auf über 30 Prozent vor der Finanzkrise 2008. Selbst im »Corona-Jahr« 2020 lag dieser Wert noch bei 26 Prozent.

Infolge der einseitigen Durchsetzung von Wirtschaftsfreiheiten ohne gleichwertigen Schutz der Gemeingüter, öffentlichen Güter und Ökosysteme, trug »Freihandel« signifikant zu stetig steigendem Ressourcen- und Energieverbrauch, Treibhausgasemissionen, ausgelöschten Arten, aber auch zu wachsender Ungleichheit bei. Seit 1970 hat sich der globale Materialverbrauch der Menschheit vervierfacht. Im Mai 2021 meldete das NOOA Observatorium auf dem Mauna Loa in Hawaii die höchste jemals gemessene CO_2-Konzentration. Ähnlich dramatisch konzentriert sich finanzieller Reichtum in den Händen weniger Oligarchen oder Ultra High Net Worth Individuals. Die Ungleichheit bedroht den sozialen Zusammenhalt, sie verschlechtert die meisten Public Health-Indikatoren, sogar die Lebenserwartung begann 2015 in den USA wieder zu sinken. Wie konsequent tragen Freihandelsabkommen zum Schutz des Weltklimas und der Artenvielfalt bei? Wie sehr zur Stärkung des sozialen Zusammenhalts und zur Verringerung der Ungleichheit?

Die Vision eines »Ethischen Welthandels« könnte das Freihandelsparadigma ablösen und gleichzeitig vor einem Rückfall in nationalistischen Protektionismus bewahren. Während der Freihandel den Handel als Ziel sieht – wobei mehr stets besser ist, egal um welchen Preis – und Protektionismus als etwas Negatives betrachtet, sieht »Ethischer Handel« den Handel als Mittel im Dienste der eigentlichen Ziele: nachhaltige Entwicklung, Schutz der Menschen- und Arbeitsrechte, Klima- und Biodiversitätsschutz, Steuergerechtigkeit, sozialer Zusammenhalt, kulturelle Vielfalt und Frieden, kurz: das globale Gemeinwohl. Einklagbar wären in einer solchen United Nations Ethical Trade Zone (UNETZ) nicht Marktzugang und Investorenschutz, sondern Klimaschutz, Menschenrechte und Steuergerechtigkeit, und Angriffskriege würden sanktioniert. Eine UNETZ könnte die Verpflichtung aller Mitgliedsstaaten zu ausgewogenen Handelsbilanzen beinhalten, innerhalb dieser Prämisse dürfte jedes Land so offen oder geschützt sein, wie es will. Der verbleibende Handel wäre dann wirklich »frei«.

Helena Norberg-Hodge schreibt in der Mitte dieses Buches: »Lokalisierung bedeutet einfach, die Richtung des Wandels umzukehren und so zu ändern, dass er sich auf das Lokale statt auf das Globale ausrichtet. An Orten, an denen die lokalen Wirtschaftsstrukturen noch relativ solide sind – zum Beispiel im Globalen Süden – kann der Wandel relativ schnell erfolgen. An Orten, an denen das Gefüge der lokalen Gemeinschaft und Wirtschaft fast vollständig zerstört wurde, wird es länger dauern und mehr Anstrengungen erfordern.« Wichtig wäre, dass diese Trendumkehr durch den entsprechenden Rechtsrahmen gefördert wird. Lokalisierung, ökonomische Subsidiarität und Ethischer Handel müssen im Völkerrecht verankert werden, damit die Vision Norberg-Hodges Realität werden kann.

Das wäre keine Absage an internationale Arbeitsteilung, von der Adam Smith, kurz nachdem er sie am Beginn des *Wohlstands der Nationen* bejubelt hatte, auch vernichtend kritisierte: »Mit fortschreitender Arbeitsteilung wird die Tätigkeit der überwiegenden Mehrheit [der Menschen] so stumpfsinnig und einfältig, wie ein menschliches Wesen nur eben werden kann.« Vielmehr würde internationale Arbeitsteilung in den Dienst höherer Werte gestellt – und nur dann vorangetrieben, wenn diese Werte erfüllt werden, von Sinnerfahrung bis Souveränität.

Diesen Einsichten folgten – über die Wellen der Globalisierungs- und Freihandelseuphorie hinweg – unabhängige und selbständige Denkerinnen. Richard Douthwaite und Hans Diefenbacher schreiben in *Jenseits der Globalisierung* 1998: »Das Ziel besteht also nicht in der Rückkehr zur Autarkie durch die Abschaffung des Außenhandels [...] Ziel ist die Minimierung der Abhängigkeit einer Region von Handelsbeziehungen über ihre Grenzen hinweg. Zum Außenhandel sollte man nicht gezwungen sein, um zu überleben.« Ähnlich formuliert es Vandana Shiva in Erd-Demokratie: »Lebendige Ökonomien bauen auf lokale Wirtschaft [...] In der Erd-Demokratie zerstört und zerstampft die globale Wirtschaft weder die lokalen Ökonomien, noch marginalisiert sie die Menschen [...] Lebendige Ökonomien sind vielfältige und dezentrale Ökonomien.«

Gemeinwohl-Indices für Regionen und Gemeinwohl-Bilanzen für Unternehmen könnten den Blick auf das Wesentliche lenken, weg vom Primat der Finanzkennzahlen. Vivian Dittmar lenkt aktuell in *Echter Wohlstand* den Blick auf fünf Dimensionen von Wohlstand, die in den Ökonomie-Lehrbüchern praktisch keine Rolle spielen. Dafür sind ökologischer, Beziehungs-, Zeit-, kreativer und spiritueller Wohlstand um so bedeutsamer für den praktischen Alltag der Menschen, ganz im Sinne von Norberg-Hodges *Economics of Happiness*. Dittmar schildert aus eigener Erfahrung die glücksstiftende Wirkung eines geteilten Gemüseackers in solidarischer Landwirtschaft. Gerade das Lebensnahe – Nahrungsmittel, Rohstoffe, Handwerk, Baustoffe, die Weiterverwertung von Reststoffen und die Langlebigkeit und Reparaturfähigkeit von Gebrauchsgütern – kann das soziale Gemeinwesen und die ökologische Nachhaltigkeit gleichermaßen stärken. Lokalisierung ist in diesem Sinne kein Dogma, aber ein Wegweiser und ein Leitstern, an dem sich zukunftsfähige, demokratische und resiliente Zivilisationsstrukturen orientieren können – und sollten.

März, 2022

1

WIEDER EINE ZUKUNFT HABEN

Wenn unsere Gattung eine Zukunft haben soll, muss sie lokal sein.

Die gute Nachricht ist, dass der Weg in eine solche Zukunft bereits beschritten wird. Abseits der Bildschirme der Mainstream-Medien wird das plumpe Narrativ von »größer ist besser«, welches das wirtschaftliche Denken seit Jahrhunderten beherrscht, durch eine sanftere, »weiblichere«, integrative Perspektive infrage gestellt, die das menschliche und ökologische Wohlbefinden in den Mittelpunkt stellt. Die Menschen erkennen allmählich, dass die *Verbundenheit* mit anderen und mit der Natur selbst eigentliche Quelle menschlichen Glücks ist. Und jeden Tag entstehen neue, inspirierende Initiativen, die das Potential für echten Wohlstand in sich tragen.

Gleichzeitig wächst das Bewusstsein – von der Allgemeinheit bis zur Wissenschaft –, dass die natürliche Welt die eigentliche Wirtschaft ist, von der wir letztlich in Hinblick auf all unsere Bedürfnisse abhängig sind. Nur wenn wir einen strukturellen Wandel in der gegenwärtigen Wirtschaft vollziehen – weg von der Abhängigkeit von einem von Konzernen gesteuerten globalen Markt hin zu mannigfaltigen lokalen Systemen –, werden wir in der Lage sein, auf eine Weise zu leben, die diesem Verständnis entspricht.

Tragischerweise sind unsere politischen und wirtschaftlichen Führer blind für diese und andere Realitäten. Sie führen uns auf einen anderen Weg, einen Weg, auf dem die Biotechnologie die Welt ernähren, das Internet die globale Zusammenarbeit ermöglichen soll und Roboter die Menschen von der Plackerei körperlicher und geistiger

Anstrengung befreien sollen. Sie glauben, dass das Leben vor der modernen Ära des globalen Handels und der Megatechnologie brutal und hart war und dass unsere dringendsten Probleme nur durch immer mehr Wirtschaftswachstum gelöst werden können.

Damit einher geht der Glaube, dass eine weitere Technologie – Geld – irgendwie Wohlstand aus dem Nichts erzeugen kann. Dieses Hirngespinst ist tief in das globale Wirtschaftssystem eingebettet, ein System, das auf Billionen von Dollar an Schulden aufgebaut ist, die durch nichts anderes als weitere Schulden gestützt werden. Wir haben auch Politiker, die davon überzeugt sind, dass die Bereicherung der 1 % irgendwie »nach unten durchsickern« und den Armen zugutekommen wird. Sie verweisen auf willkürliche Messgrößen – das BIP, das Pro-Kopf-Einkommen, die Verfügbarkeit von Konsumgütern –, deren Anstieg »beweist«, dass ihre Politik funktioniert. Doch in Wirklichkeit sind die Reichen reicher denn je, während die Mehrheit härter und schneller arbeiten muss, um für ihre Familien Unterkunft, Bildung und medizinische Versorgung zu gewährleisten.

Der Weg des technologischen Fortschritts, der uns Zeit ersparen sollte, hat uns ironischerweise unsere Zeit *geraubt*: Wir alle müssen mit der Geschwindigkeit der verfügbaren Technologie arbeiten. Dies führt dazu, dass die Menschen immer gestresster sind und unsere Verbindung zueinander, zur Natur und sogar zu uns selbst einen enormen Tribut fordert.

Doch anstatt die Rolle des Wirtschaftssystems bei der Kappung dieser Verbindungen zu hinterfragen, neigen die Menschen dazu, sich selbst die Schuld zu geben: dass sie ihr Leben nicht gut genug im Griff haben oder dass sie nicht genug Zeit mit Familie und Freunden verbringen. Abgesehen von den Schuldgefühlen, fühlen wir uns oft isoliert, weil die immer flüchtigere und oberflächlichere Art unserer sozialen Begegnungen mit anderen eine Kultur des Scheins fördert, in der Liebe und Bestätigung durch so oberflächliche Mittel wie Schönheitsoperationen, Designerkleidung und Facebook-Likes gesucht werden. Diese Mittel sind ein schlechter Ersatz für echte

Beziehungen und verstärken nur Gefühle wie Niedergeschlagenheit, Einsamkeit und Angst.

Das vorherrschende Narrativ von »Fortschritt« lässt diese psychologischen Kosten außer acht. Ebenso wichtig ist, dass sie auch die drohenden Gefahren des Klimachaos, des Artensterbens und des Zusammenbruchs der Ökosysteme weltweit ausblendet. Die Wahrheit ist, dass sich die Bedingungen seit einigen Jahrzehnten von Jahr zu Jahr grundlegend verschlechtert haben.

Warum ist das passiert? In den letzten 40 Jahren hat die Welt einen Prozess durchlaufen, der bedeutsamer war als die industrielle Revolution – und doch sind sich die meisten von uns dessen nur am Rande bewusst. Dieser Prozess ist als *wirtschaftliche Globalisierung* bekannt. Sie wurde größtenteils durch »Freihandels«-Verträge geschaffen, die globalen Banken und Unternehmen freie Hand lassen oder sie deregulieren, und sie hat die Ausbeutung menschlicher und natürlicher Ressourcen exponentiell gesteigert, mit Auswirkungen, die keine technische Lösung zu mildern vermag.

Betrachten wir, was im politischen Bereich geschehen ist. Selbst nominell demokratische Länder waren einer Reihe von de facto Staatsstreichen ausgesetzt, die systematisch die Macht von gewählten Regierungen in die Hände der deregulierten globalen Wirtschaft und Finanzwelt verlagert haben. Internationale Gremien wie die Welthandelsorganisation, die Weltbank, der Internationale Währungsfonds und sogar die COP-Klimaverhandlungen sind zu Machtzentren einer De-facto-Weltregierung multinationaler Konzerne und Banken geworden, einer Regierung, die den Bürgern oder menschlichen Gemeinschaften gegenüber in keiner Weise rechenschaftspflichtig ist. Dieser Weg hat uns Schritt für Schritt immer weiter von der natürlichen Welt und von echter Demokratie entfernt; er führt zum Zerfall des sozialen Gefüges und zu Epidemien von Spaltung, Angst, Abhängigkeit und Gewalt.

Die enorme Bedeutung der systematischen Deregulierung wird von den meisten Menschen noch immer kaum verstanden. Weder auf Regierungsebene noch von der Allgemeinheit wurde dieser Prozess aus einer globalen Perspektive betrachtet. Selbst Klimaaktivisten haben weitgehend übersehen, dass es durch die Globalisierung und den damit einhergehenden weltweiten Handel zu einem massiven Anstieg der CO_2-Emissionen gekommen ist – Emissionen, die in keiner nationalen Kohlenstoffbilanz auftauchen.

Unsere kollektive Ignoranz hat dazu geführt, dass viele die menschliche Natur oder die Überbevölkerung und nicht die Wirtschaft für all die Zerstörung in unserer Welt verantwortlich machen. Ich höre Menschen fragen: »Was ist mit den Menschen los – warum sind wir so gierig und egoistisch?!« So kommen sie zu dem Schluss: »Die Menschheit ist zu einem Krebsgeschwür geworden. Vielleicht verdienen wir es nicht, zu überleben.«

In dem Maße, wie sich das globale Wirtschaftssystem immer mehr ausgeweitet hat, ist es für uns stetig schwieriger geworden, zu erkennen, was tatsächlich geschieht. Viele unserer Grundnahrungsmittel sind mehrmals um den Planeten gereist, bis wir sie kaufen: Wie können wir wissen, ob sie unter fairen und humanen Arbeitsbedingungen hergestellt wurden oder welche Auswirkungen ihre Produktion auf die Umwelt hatte? Selbst in der akademischen Welt ist das Wissen so spezialisiert, dass die »Experten« über den engen Fokus ihres Fachgebiets hinaus nur noch wenig wissen. Die Finanzierung durch Konzerne tut ein Übriges, so dass Studenten in die Betriebswirtschaft oder in die MINT-Fächer (Wissenschaft, Technik, Ingenieurwesen und Mathematik) gedrängt werden, während interdisziplinäre Ansätze wie Ökologie, Geisteswissenschaften und Erfahrungswissen an den Rand geraten.

Da riesige Konzerne und Medienkonglomerate so viel Reichtum und Macht angesammelt haben, sind sie in der Lage, nicht nur die Regierungs- und Hochschulpolitik, sondern auch die öffentliche Meinung und den intellektuellen Diskurs zu beeinflussen. Gezielte Finanzierung durch Konzerne hat sogar die Umweltbewegung beeinflusst: Wie wir in Kapitel 11 beleuchten werden, haben Konzerne die Agenda für die globale Umweltbewegung festgelegt und NGOs und Nationalstaaten ermutigt, ihren Fokus weg von grundlegenden politischen Veränderungen hin zu marktwirtschaftlichen Lösungen wie grünem Konsum, ethischen Investitionen und Kohlenstoffhandel zu verlagern – Pseudolösungen, die sicherstellen, dass die Macht der Konzerne nicht angetastet wird.

Im Zeitalter der vollständigen Globalisierung ist das, was »wirtschaftlich« ist, absurd geworden. Fische aus Europa werden nach Asien geflogen, um entgrätet zu werden, und dann nach Europa zurückgeflogen, um hier verkauft zu werden. Hunderttausende von Tonnen Heu, das auf bewässerten Flächen im dürregeplagten Südkalifornien angebaut wird, werden nach China verschifft.[1] England und Australien tauschten kürzlich 20 Tonnen Wasser in Flaschen aus, nur untereinander.[2] Diese Beispiele für irrsinnigen Handel sind keine Ausreißer mehr: Sie sind mittlerweile typisch für die Funktionsweise der globalen Wirtschaft.

Und doch sind sich nur sehr wenige Menschen dessen bewusst. Stattdessen hat ein engstirniger Reduktionismus in Verbindung mit immer größeren Strukturen dazu geführt, dass ein globales technikgläubiges Narrativ die Diskussionen über die Zukunft der Menschheit beherrscht. Von Netflix bis zu den TED-Talks, von Washington DC bis zum Silicon Valley wird dasselbe Klischee gepriesen: das einer hochtechnisierten, vollkommen globalen – sogar interplanetaren – Gesellschaft als das einzig mögliche Schicksal unserer Gattung.

Wie sieht diese Zukunft aus? Ray Kurzweil von Google verkündet, dass unser Essen aus »KI-gesteuerten vertikalen Gebäuden« kommen und »in-vitro geklontes Fleisch« enthalten wird. Laut Elon Musk von Tesla ist der Bau einer Stadt auf dem Mars »das Entscheidende, um das Leben der Menschheit zu erweitern«, während »30 untereinanderliegende Tunnel« den Stau in den dicht besiedelten Städten der Erde beheben werden. Goldman Sachs erklärt, dass die Digitalisierung von Alltagsgegenständen »Netzwerke von Maschinen, Menschen und dem Internet schaffen wird, was zur Entstehung neuer Ökosysteme führt, die eine höhere Produktivität, eine bessere Energieeffizienz und eine höhere Rentabilität ermöglichen«.

Diese Ideen werden als visionär und kühn gepriesen, doch was sie versprechen, ist nichts anderes als die Steigerung der vorherrschenden Trends – neokoloniale Expansion, Verstädterung und Kommerzialisierung –, die durch ausgefallene Geräte noch beschleunigt werden. Was uns nicht gesagt wird, ist, dass dieses System auf allen Ebenen die reichhaltigste aller natürlichen Ressourcen – die menschliche Energie und Arbeit – auf den Müllhaufen wirft. Gleichzeitig subventionieren wir mit unseren Steuern einen dramatischen Anstieg des Verbrauchs von Energie und knappen natürlichen Ressourcen. Wir haben ein System, das zu Massenarbeitslosigkeit und Armut und zugleich zu Umweltverschmutzung führt.

Dieses System ist nicht Ausdruck des Willens der Mehrheit: Wir sind im Gegenteil aktiv von der Mitsprache ausgeschlossen worden. Aber ich glaube auch nicht, dass das Narrativ von »die Guten gegen die Bösen« stimmt. Richtig ist, dass die Menschen, die bewusst die Monokultur der Konzerne vorantreiben, nur einen winzigen Bruchteil der Weltbevölkerung ausmachen – vielleicht weniger als 10.000 Menschen weltweit –, aber auch sie sind so sehr von abstrakten Wirtschaftsmodellen und Indikatoren fasziniert, dass sie meist einfach blind sind für die realen Auswirkungen ihrer Entscheidungen.

In gewisser Weise hat das System uns alle in die Falle gelockt. Selbst die Vorstandsvorsitzenden großer Unternehmen und Banken werden von spekulativen Märkten getrieben, um kurzfristige Gewinn- und Wachstumsziele zu erreichen. Sie stehen unter starkem Druck, an der Spitze zu bleiben, aus Angst, ihren eigenen Arbeitsplatz zu verlieren und ihre Aktionäre im Stich zu lassen. Es ist also das System selbst, das zur Rechenschaft gezogen und verändert werden muss – und nicht die austauschbaren Individuen, die innerhalb dieses Systems die Hebel bedienen.

Aber wie ich eingangs bereits sagte: Dies ist nicht die einzige Richtung, in die sich die Welt entwickelt. Überall auf der Welt sehnen sich Menschen nach den tiefen Bindungen einer Gemeinschaft und der Verbundenheit mit der Natur, denn in diesen Bindungen haben wir uns über die längste Zeit unseres Daseins entwickelt. Und sie drängen von unten auf einen grundlegenden Richtungswechsel. Ihre Vision beruht nicht auf dem Fetisch einiger Milliardäre, der aus Hightech-Spielereien besteht, befeuert von ihrem Talent zur Kapitalakkumulation. Vielmehr entspringt es der tiefen Erfahrung dessen, was es bedeutet, ein Mensch zu sein.

An der Basis kommen auf allen Kontinenten ganz gewöhnliche Menschen in ihren unterschiedlichen Kulturen zusammen, um das soziale Netz neu zu knüpfen und sich wieder mit der Erde und ihren Ökosystemen zu verbinden. Sie bauen eine florierende lokale Wirtschaft und generationenübergreifende Gemeinschaften auf, die sinnvollere, produktivere Arbeit ermöglichen. Von Gemeinschaftsgärten bis zu Bauernmärkten, von alternativen Lernorten bis zu lokalen Unternehmensallianzen und Genossenschaften – allen gemeinsam ist die Erneuerung von auf den Lebensraum bezogenen Beziehungen, in denen sich der angeborene, tief verwurzelte menschliche Wunsch nach Liebe und Verbundenheit widerspiegelt.

Diese Lokalisierungsinitiativen zeigen nachdrücklich, dass die menschliche Natur nicht das Problem ist – im Gegenteil, es ist das *unmenschliche* Ausmaß einer techno-ökonomischen Monokultur, die unsere Wünsche und Bedürfnisse untergräbt und manipuliert. Dies wird noch besser verständlich, wenn man beobachtet, was geschieht, wenn Menschen wieder mit Strukturen in Berührung kommen, die sich nach menschlichen Maßstäben richten; ich habe gesehen, wie Gefängnisinsassen sich veränderten, wie straffällige Jugendliche einen Sinn und ein Ziel fanden, wie Depressionen geheilt und soziale und ethnische Gräben und solche zwischen Generationen überwunden wurden.

In vielen Fällen entspringen diese Initiativen eher dem gesunden Menschenverstand als der Absicht, »die Welt zu verändern«. Zusammengenommen stellen sie jedoch die Weltordnung der Konzerne radikal infrage und artikulieren eine andere Vision der Zukunft.

Meine Organisation und ich sind in der glücklichen und nur allzu seltenen Lage, jede Woche Nachrichten über neue Lokalisierungsprojekte aus allen Teilen der Welt zu erhalten. Aber so, wie die meisten

Menschen schlecht über die Globalisierung informiert sind, so sind sie auch weitgehend in Unkenntnis über die rasche Verbreitung von Lokalisierungsprojekten. Selbst diejenigen, die direkt in diese Bemühungen involviert sind, fühlen sich häufig isoliert und haben das Gefühl, gegen den Strom zu schwimmen. Wenn man jedoch einen Schritt zurücktritt und das Gesamtbild betrachtet, kann man nur staunen, was die Macht der Menschen bewirkt. Angesichts der enormen systemischen Unterstützung für das Große und Globale, von üppigen staatlichen Subventionen und Steuererleichterungen bis hin zu Medien im Besitz von Konzernen und den starken Verzerrungen bei der Finanzierung der Wissenschaft, ist das stete Wachsen dieser Alternativen ein Zeugnis für die Kraft der Gemeinschaft – für die Motivation, Ausdauer und Stärke, die entsteht, wenn Menschen zusammenkommen, um positive Veränderungen zu bewirken. Darüber hinaus schließen sich viele Einzelpersonen und Gruppen zu größeren Netzwerken zusammen – insbesondere im Bereich der »neuen Wirtschaft« –, die darauf aus sind, den Würgegriff der Konzerne auf unsere Institutionen zu lockern, damit unsere Gesellschaft beginnt, dezentrale Wirtschaftssysteme zu fördern. Solche Veränderungen würden dazu beitragen, dass weltweit mehr selbstständige, vielfältige und lebendige Gemeinschaften und Demokratien entstehen.

Diese wachsende Bewegung lässt die herkömmliche Links-Rechts-Dichotomie hinter sich. Es geht darum, das Aufblühen von vielschichtigen menschlichen Werten und Träumen zu ermöglichen und gleichzeitig die Kultur wieder in die Natur einzubetten. Das bedeutet, dass sich Gesellschaften aus der Abhängigkeit von weit entfernten, nicht rechenschaftspflichtigen Monopolen lösen können – die unseren Grundbedarf in mechanisierten, monokulturellen Systemen mit hohem Input auf der anderen Seite der Welt produzieren – zugunsten einer lokalen und handwerklichen Produktion für die Bedürfnisse vor Ort. Die Betonung liegt hier auf *echten* Bedürfnissen, gemeint sind nicht die künstlichen, die von Vermarktern und Werbestrategen erzeugt werden, um die Öfen des Konsums und des endlosen Wachstums anzuheizen.

Lokalisierung bedeutet den Ausstieg aus höchst instabilen und ausbeuterischen Spekulations– und Schuldenblasen und die Rückkehr zur Realwirtschaft – unsere Schnittstelle zu anderen Menschen und zur natürlichen Welt. Anstatt auf unzählige Tonnen perfekt gerader Möhren aus zu sein und alle, die diese Anforderung nicht erfüllen, wegzuwerfen (wie es bei Supermarktketten üblich ist), verlangen lokale Märkte eine Vielfalt von Produkten und schaffen so Anreize für eine vielfältigere und ökologischere Produktion. Das bedeutet mehr Lebensmittel mit weit weniger Maschinen und Chemikalien und mehr Hände auf dem Land und damit mehr sinnvolle Beschäftigung. Es bedeutet drastisch reduzierte CO_2-Emissionen, kein Bedarf an Plastikverpackungen, mehr Raum für ursprüngliche Artenvielfalt, mehr in den lokalen Gemeinschaften verbleibender Wohlstand, mehr persönlicher Kontakt zwischen Erzeugern und Verbrauchern und blühendere Kulturen, die auf echter Interdependenz (wechselseitiger Abhängigkeit) beruhen.

Ich nenne dies den »Lösungsmultiplikator«-Effekt der Lokalisierung, und dieses Modell geht über unsere Lebensmittelsysteme hinaus. Im blinden, abgekapselten und überspezialisierten System der globalen Monokultur habe ich Wohnbauprojekte gesehen, bei denen importierter Stahl, Plastik und Beton verwendet wurden, während die Eichen vor Ort gerodet und zu Holzhackschnitzeln verarbeitet wurden. Im Gegensatz dazu bedeutet die Verkürzung von Entfernungen strukturell mehr Arbeitskraft und Expertise pro Hektar und eine innovativere Nutzung der verfügbaren Ressourcen. Es mag utopisch klingen, aber wenn wir die Abhängigkeit von stark zentralisierten, automatisierten Systemen in Bereichen wie Gesundheit und Bildung verringern, können wir das Verhältnis zwischen Arzt und Patient, zwischen Lehrer und Schüler neu austarieren und so Raum für individuelle Bedürfnisse und Fähigkeiten schaffen.

Es ist keineswegs unvernünftig, sich eine Welt ohne Arbeitslosigkeit vorzustellen; denn ebenso, wie es für jedes Preisschild im Supermarkt gilt, ist auch Arbeitslosigkeit eine politische Entscheidung, die gegenwärtig dem Mantra der »Effizienz« der zentralisierten Gewinnmaximierung folgt. Da sich sowohl die politische Linke als auch die politische Rechte dem Dogma »größer ist besser« verschrieben haben, bleibt den Bürgern keine echte Alternative.

Wenn wir eine Wirtschaft nach menschlichem Maßstab stärken, wird die Entscheidungsfindung selbst transformiert. Wir schaffen nicht nur Systeme, die so klein sind, dass wir sie selbst beeinflussen können, sondern wir betten uns auch in ein Netz von Beziehungen ein, das unser Handeln und unsere Sichtweisen grundlegend formt. Eine bessere Sichtbarkeit unserer eigenen Auswirkungen auf die Gemeinschaft und die lokalen Ökosysteme führt zu einer praktisch erlebbaren Bewusstheit, die uns dazu befähigt, sowohl mehr Veränderung zu bewirken als auch mehr Ehrfurcht gegenüber der Komplexität des Lebens um uns herum zu entwickeln.

Lokalisierung erlaubt uns, die sich ständig entwickelnde und verändernde Natur des Universums auf einer tieferen Ebene zu begreifen und schätzen zu lernen. Anstatt nach vorgefertigten Modellen zu leben – und die Welt über Wörter, fixe Konzepte und Zahlen wahrzunehmen –, wird uns bewusst, dass jeder Mensch, jedes Tier und jede Pflanze einzigartig ist und sich von Augenblick zu Augenblick verändert. Die Lokalisierung verleiht uns die nötige Nähe und Vertrautheit und das richtige Tempo, um diese Fülle zu spüren und die Freude zu empfinden, ein integraler Bestandteil eines lebendigen Netzes von Beziehungen zu sein.

Meine unmittelbare Erfahrung mit einer lokalisierten Lebensweise und meine daraus resultierende Motivation, Alarm in Bezug auf die Globalisierung zu schlagen, entstand ganz zufällig. 1975 reiste ich als Teil eines Filmteams nach Ladakh, dem »kleinen Tibet«, just zu dem Zeitpunkt, als man damit begann, die Region der Weltwirtschaft zu öffnen. Als Sprachwissenschaftlerin beherrschte ich die ladakhische Sprache bald fließend, was es mir ermöglichte, diese alte Kultur nahezu von innen zu erleben. Als ich ankam, lebten die Menschen von Ladakh mit ihrer auf der Natur gründenden Wirtschaft noch mit einem Gefühl der Selbstachtung und der Kontrolle über ihr eigenes Leben; bald wurde mir klar, dass die Ladakhis zu den freiesten, friedlichsten und fröhlichsten Menschen gehörten, die ich je getroffen hatte. Mehr noch, ihr Glücklichsein mündete in eine bemerkenswerte Toleranz – die Akzeptanz von Unterschiedlichkeiten ebenso wie Widrigkeiten.

In den folgenden zehn Jahren erlebte ich unmittelbar die verheerenden Auswirkungen der wirtschaftlichen Entwicklung. Ich erlebte, wie das moderne Wirtschaftssystem die Macht zentralisiert und einen intensiven Wettbewerb um künstlich verknappte Bildungsmöglichkeiten und Arbeitsplätze auslöst, während es sich gleichzeitig tief in die Psyche kleiner Kinder eingräbt und das universelle Bedürfnis nach Liebe und Zugehörigkeit in ein Konsumbedürfnis verwandelt. In Ladakh erwies sich dies als tödliche Kombination, die innerhalb eines Jahrzehnts zu Depressionen und Selbstmord, gewaltsamen Konflikten und Verwüstung der Natur führte.

Das bewegte mich, die Botschaft zu verbreiten, ich hielt öffentliche Vorträge in der ganzen Welt und erkannte mit neu gewonnener Klarheit, auf welch vielfältige Weise die Globalisierung auch die industrialisierte Welt betrifft. Als ich in mein Heimatland Schweden zurückkehrte, war ich schockiert, dass das amerikanisches Unternehmen Phillip Morris das schwedische Lebensmittelsystem weitgehend kontrollierte und dass die meisten Menschen keine Ahnung davon hatten, dass dem so war. Die meisten Schweden konnten sich auch nicht vorstellen, dass massive Subventionen für die Großproduktion und den Ferntransport – die bereits in den 1970-er Jahren einsetzten – es wirtschaftlich »effizient« gemacht hatten, Kartoffeln per Lastwagen nach Italien zu transportieren, um sie dort zu waschen, in Plastik zu verpacken und für den Verkauf zurückzuverfrachten.

Nachdem ich über mehrere Jahre lang mit verschiedenen Organisationen und Kommunalvertretern auf der ganzen Welt zusammengetroffen war, wurde mir klar, dass das Fehlen eines echten Dialogs zwischen dem Globalen Norden und dem Globalen Süden – den sogenannten »reichen« und »armen« Ländern – ein falsches Narrativ vom »Fortschritt« aufrechterhält.

Im Globalen Süden fallen die Menschen der Propaganda zum Opfer, die den nordamerikanischen und europäischen Lebensstil als bequem, glanzvoll und problemlos darstellt – ein falsches Narrativ, welches das kulturelle und individuelle Selbstwertgefühl immens beeinträchtigt. Gleichzeitig fallen viele Menschen im Globalen Norden auf die Illusion herein, Unternehmen und Regierungen hätten in Sachen Umwelt umgeschwenkt. In den späten 1980-er und frühen 1990-er Jahren feierten Umweltgruppen beispielsweise die Verbesserung der Wasserqualität von Flüssen wie der Themse in London und dem Hudson in New York, ohne zu merken, dass die neugewonnene Freiheit des Kapitals, die Welt nach der investorenfreundlichsten Umgebung zu durchkämmen, bedeutete, dass der Großteil der schmutzigen Industrie des Nordens dorthin abgewandert war, wo die Arbeitskräfte am billigsten und die Umweltstandards am niedrigsten waren. Wir haben die Umwelt nicht wirklich gesäubert, sondern lediglich die Verschmutzung ausgelagert. Weit davon entfernt, den ökologischen Schaden zu verringern, kam es zu einem gewaltigen *Anstieg* der Verschmutzung und der Emissionen, nicht zuletzt, weil die Entfernungen, die die Waren nun vom Hersteller zum Verbraucher zurücklegen mussten, immens zunahmen.

Eine ähnliche Täuschung fand auch bei den Arbeitsplätzen statt. Während den entlassenen Belegschaften im Norden erzählt wurde, dass ihre Arbeitsplätze den Armen am anderen Ende der Welt zugutekämen, profitierte vor allem die Elite im Süden von der Expansion der Unternehmen, während die Mehrheit der Menschen ihre landgebundene Wirtschaft unterminiert sah. Millionen wurden in die städtischen Slums gedrängt, wo sie miteinander um Arbeitsplätze konkurrierten, um Waren für die Verbraucher im Norden zu produzieren – oft unter sklavischen Bedingungen.

Ich habe die Erfahrung gemacht, dass Menschen, die einen Blick auf beide Teile der Welt haben, die zerstörerischen Auswirkungen der Globalisierung deutlicher erkennen können. Aber wir alle haben die Pflicht, uns über die Realitäten vor Ort zu informieren und die Erzählungen über globales Wachstum und technologischen Fortschritt, die uns täglich überschwemmen, kritisch zu hinterfragen.

Vor uns liegen zwei diametral entgegengesetzte Wege: Der eine führt uns unerbittlich in Richtung einer rasanten, groß angelegten monokulturellen technologischen Entwicklung. Es ist ein Weg, der uns voneinander und von der natürlichen Welt trennt und unseren sozialen und ökologischen Niedergang beschleunigt. Auf dem anderen Weg geht es darum, langsamer zu werden, sich zurückzunehmen und tiefe Verbundenheit zu fördern, um die sozialen und wirtschaftlichen Strukturen wiederherzustellen, die für die Befriedigung unserer materiellen sowie tieferen menschlichen Bedürfnisse nötig sind – und dies auf eine Weise, die den einzigen Planeten, den wir haben, hegt und pflegt.

2

GLOBALISIERUNG

Die Schaffung einer Welt, in der alle verlieren

Wirtschaftliche Globalisierung. *Substantiv. 1. Die Deregulierung des Handels und des Finanzwesens, um es Unternehmen und Banken zu ermöglichen, weltweit zu operieren; 2. das Entstehen eines einheitlichen Weltmarktes, der von transnationalen Unternehmen beherrscht wird (oft verwechselt mit internationaler Zusammenarbeit, Interdependenz, globaler Gemeinschaft).*

Um zu verstehen, warum Lokalisierung ein solch strategischer Weg nach vorne ist, müssen wir den Prozess der Globalisierung besser verstehen, zu dem die Lokalisierung eine grundlegende Alternative darstellt.

Für die einen bedeutet »Globalisierung« eine Welt ohne Grenzen, in der neue Technologien den freien Fluss von Ideen und Innovationen erleichtern. Für andere bedeutet sie einen verflochtenen Planeten, in dem ein Netz von Handelsbeziehungen jede Nation zum Wohle aller mit allen anderen Nationen verknüpft. Für wieder andere bedeutet es ein »globales Dorf« – einen friedlichen, kooperativen Planeten, der auf das menschliche Maß geschrumpft ist.

Wenn diese hochtrabenden Bilder über die Globalisierung allzu rosig klingen, liegt das daran, dass sie von unternehmensfreundlichen Thinktanks (Denkfabriken) stammen. Wenn sie vertraut erscheinen, liegt das daran, dass sie von konzerngesteuerten Medien weit verbreitet wurden.

Eine objektivere Sichtweise besagt, dass die Globalisierung in ihrem Kern ein wirtschaftlicher Prozess ist. Es geht um die Deregulierung von Handel und Investitionen – in erster Linie durch Handelsverträge, die es großen Unternehmen und Finanzkonzernen ermöglichen, weltweit in lokale Märkte einzudringen und dort Reichtum zu schöpfen. Wie wir in den folgenden Kapiteln sehen werden, führt die Übertragung von mehr Macht an globale Unternehmen und Banken nicht zu einer besseren Kommunikation und zu einem voneinander abhängigen globalen Dorf: Sie führt stattdessen zu Konflikten, Gewalt und rechtem Hyper-Nationalismus, zur Aushöhlung der Vielfalt und zur Zerstörung der natürlichen Welt.

Als die ersten modernen »Freihandels«-Verträge vorgeschlagen wurden, wurde die Globalisierung als unausweichlich beschrieben: Sich ihr zu widersetzen, so wurde der Öffentlichkeit gesagt, mache genauso wenig Sinn wie sich der Kontinentaldrift zu widersetzen. Das Bewusstsein für die vielen Probleme, die die Globalisierung hervorgebracht hat, ist im Laufe der Jahre gewachsen, aber jetzt wird uns gesagt, dass es »kein Zurück« gebe – dass der gleiche Prozess, der diese Probleme geschaffen hat, der einzige Weg sei, sie zu lösen.

Da dieses Buch für eine Alternative zum vermeintlich unaufhaltsamen Prozess der Globalisierung plädiert, möchte ich den Leser daran erinnern, dass das globalisierte System in der Tat von Menschen gemacht ist und daher verändert werden kann. Der Kurs, der uns vorgegeben wurde, ist weder unvermeidlich noch festgelegt, und wir können uns entscheiden, die Richtung zu ändern.

Tatsache ist, dass der Weg zur Unternehmensmonokultur sorgfältig geplant wurde: Regeln und Vorschriften wurden geändert, um diese Monokultur zu ermöglichen, und Subventionen und Steueranreize wurden verfügt, um sie voranzutreiben. Auch heute noch werden Regeln umgeschrieben, um es globalen Banken und Unternehmen zu ermöglichen, in noch mehr lokale Märkte einzudringen, noch mehr Gemeingüter einzuhegen, demokratischen Institutionen noch mehr Macht zu entziehen und die Natur noch mehr auszubeuten.

500 Jahre Globalisierung

Es wird oft angenommen, dass die Globalisierung erst vor relativ kurzer Zeit begann. Einige verweisen auf die Gründung der Weltbank, des IWF und des GATT (Vorläufer der Welthandelsorganisation) in der Zeit nach dem Zweiten Weltkrieg. Andere verweisen auf die ersten »Freihandels«-Verträge, die in den 1990er-Jahren ratifiziert wurden. Aber die Globalisierung ist im Wesentlichen eine Fortsetzung der Eroberung und kolonialen Ausbeutung, die vor 500 Jahren begann – ein Prozess, der auf Völkermord, Sklaverei und der Zerstörung der lokalen Wirtschaft und Kultur beruhte.

Heute gibt die Deregulierung multinationalen Konzernen und Banken die Freiheit, sich auf der Suche nach billigen Arbeitskräften und Ressourcen, niedrigen Steuern und laxen Umwelt- und Sozialschutzmaßnahmen in die nationalen Volkswirtschaften hinein- und herauszubewegen. Obwohl dies weniger brutal ist als Eroberung und Kolonialismus, ist das Ziel – die Gewinnung von Reichtum zum Nutzen einer kleinen Elite – das gleiche, ebenso wie die Auswirkungen auf die lokale Wirtschaft und Kultur.

Warum haben die Regierungen diesem Prozess zugestimmt? Ein wichtiger Grund ist, dass mit der wachsenden Macht der Konzerne die lokalen Unternehmen und die von ihnen bereitgestellten Arbeitsplätze dezimiert wurden. Nationale, staatliche und sogar kommunale Regierungen brauchen Arbeitsplätze für ihre Bürger und sehen kaum eine andere Möglichkeit, als zu versuchen, die von den Konzernen versprochenen Arbeitsplätze anzulocken. Sie tun dies, indem sie multinationalen Konzernen den roten Teppich in Form von Steuervergünstigungen, Subventionen und verzerrten Vorschriften ausrollen. Da andere Regierungen um dieselben Arbeitsplätze konkurrieren, sind sie oft bereit, Arbeits-, Gesundheits- und Umweltvorschriften zu lockern, um sich für Großunternehmen attraktiver zu machen. Der Wirtschaftswissenschaftler Jeffrey Sachs, eine Autorität auf dem Gebiet der wirtschaftlichen Entwicklung und der Armut, erklärt, wie dieser Prozess funktioniert:

»Wenn Kapital international mobil wird, beginnen Länder, darum zu konkurrieren. Sie tun dies, indem sie im Vergleich zu anderen Ländern eine bessere Rentabilität bieten, indem sie beispielsweise die Körperschaftssteuersätze senken, Vorschriften lockern, Umweltverschmutzung tolerieren oder Arbeitsnormen ignorieren. In dem sich daraus ergebenden Wettbewerb zwischen den Regierungen profitiert das Kapital von einem ›Wettlauf nach unten‹, bei dem die Regierungen bei Steuern und Vorschriften eine Abwärtsspirale in Gang setzen, um anderen Ländern einen Schritt voraus zu sein. Am Ende verlieren alle Länder, da sie Steuereinnahmen verlieren und Vorschriften aufweichen, die zur Steuerung der Wirtschaft erforderlich sind. Der größte Verlierer ist am Ende die international immobile Arbeit…«[1]

Die Subventionen und Steueranreize, die Regierungen globalen Unternehmen anbieten, können enorm sein. Als Amazon, eines der reichsten Unternehmen der Welt, Städten in ganz Nordamerika die Schaffung von schätzungsweise 50.000 Arbeitsplätzen in Aussicht stellte, reichten mehr als 230 staatliche und kommunale Behörden Angebote ein. Dazu gehörten New Jersey (7 Mrd. USD an Steuererleichterungen), Montgomery County, Maryland (6,5 Mrd. USD an Steuererleichterungen plus 2 Mrd. USD an Infrastrukturverbesserungen) und Atlanta (2 Mrd. USD an Anreizen, einschließlich einer Amazon-exklusiven *Executive Lounge* am Flughafen der Stadt). Die siegreichen Angebote aus New York City und Arlington, Virginia, versprachen dem Unternehmen Steuererleichterungen in Höhe von fast 5 Mrd. USD (New York hat sich allerdings inzwischen von der Bewerbung zurückgezogen).

In einem Untersuchungsbericht der *New York Times* wurde festgestellt, dass die Regierungen der Bundesstaaten und Kommunen in den USA jährlich über 80 Milliarden Dollar an Steuervergünstigungen, kostenlosen öffentlichen Grundstücken, Infrastrukturhilfen, kostengünstigen Finanzierungen und anderen Subventionen bereitstellen, um große, nicht ortsansässige Unternehmen anzuziehen und zu halten. Diese Subventionsprogramme werden »fast ausschließlich zu Gunsten von Großunternehmen (unterstützt von hochbezahlten Lobbyisten) und auf Kosten kleiner Unternehmen vergeben«.[2]

Wie wir in Kapitel 9 sehen werden, gibt es auch viele indirekte Subventionen, darunter Subventionen für fossile Brennstoffe, die den globalen Transport künstlich verbilligen. Das Ergebnis ist, dass die Komponenten, aus denen Alltagsprodukte bestehen, aus Fabriken oder Zulieferbetrieben in zahlreichen Ländern stammen, die Tausende von Kilometern voneinander entfernt sind. Es wurde beispielsweise geschätzt, dass die Bauteile eines einzigen iPhones insgesamt 500.000 Meilen zurückgelegt haben, bevor sie den Endverbraucher erreichen.[3]

Insgesamt hat die Deregulierung zu einer Explosion des internationalen Handels geführt, der 2017 mehr als achtundzwanzigmal so groß war wie 1950.[4] Dies hat zu einer massiven Bereicherung multinationaler Konzerne und Banken geführt, während gleichzeitig Ressourcen in krimineller Weise verschwendet, Umweltverschmutzung und CO_2-Emissionen in die Höhe getrieben und eine aufwendige, monokulturelle Produktion auf der ganzen Welt durchgesetzt wurden.

Ein großer Teil dieses Handels, insbesondere mit Lebensmitteln, ist überflüssig. In einem typischen Jahr exportieren die USA Millionen Tonnen Rindfleisch, Kartoffeln und andere Lebensmittel und importieren gleichzeitig fast die gleichen Mengen.[5] Dieses Muster des Imports und Exports ähnlicher Produkte wurde ebenso in vielen anderen Ländern dokumentiert. In einigen Fällen handelt es sich buchstäblich um ein und dasselbe Produkt, das sowohl exportiert als auch importiert wird: Die New York Times berichtet, dass Kabeljau, der vor Norwegen gefangen wurde, nach China verschifft wird, um dort zu Filets verarbeitet zu werden, die dann zum Verkauf nach Norwegen zurückgeschickt werden. Das ist eine Reise von 10.000 Meilen hin und zurück.[6]

Finanzielle Deregulierung

Die Deregulierung des Finanzwesens, die mit der Zunahme des Welthandels einhergeht, macht es möglich, dass immer größere Kapitalströme auf Knopfdruck in Länder fließen und von dort wieder abfließen. Zwischen 1980 und 2007 stiegen die grenzüberschreitenden Kapitalströme von 500 Milliarden Dollar auf einen Spitzenwert von 11,8 *Billionen* Dollar.[7] Dieses hypermobile Kapital hat die Devisen- und Rohstoffmärkte in ein globales Kasino verwandelt, in dem Investoren Milliarden verdienen können – zu immensen Kosten für die nationalen und lokalen Volkswirtschaften.

Den meisten Menschen ist nicht bewusst, dass fast das gesamte Geld, das heute im Umlauf ist, durch nichts anderes als Schulden gedeckt ist.[8] Spekulative Wetten mit geliehenem Geld können Gewinne abwerfen, die in noch größere Wetten investiert werden können. Trotz des gestiegenen Bewusstseins für diesen Wahnsinn nach der globalen Finanzkrise von 2008 haben alle großen Volkswirtschaften heute eine höhere Verschuldung im Verhältnis zum BIP als noch 2007.[9]

Alles in allem hat die Bereicherung multinationaler Konzerne ein noch nie dagewesenes Ausmaß erreicht. Obwohl sie keiner Wählerschaft gegenüber rechenschaftspflichtig sind, sind viele dieser Unternehmen inzwischen so groß, dass sie mehr wirtschaftliche und politische Macht haben als nationale Regierungen: Von den 100 größten Volkswirtschaften der Welt im Jahr 2016 waren 69 Unternehmen.[10] Im Jahr 2018 war der Umsatz eines einzigen Unternehmens, Shell, größer als das BIP von 138 einzelnen Ländern.[11] Dennoch stellt allein die Regierung der Vereinigten Staaten jährlich zwischen zehn und 52 Milliarden Dollar an Subventionen und Steuersenkungen für große Ölkonzerne bereit – und Shell gehört dazu.[12] Unter kapitalkräftigen Lobbyisten, Freihandelsverträgen und wegen der »Drehtür« zwischen Regierungen und Topmanagern der Industrie ist die Herrschaft der Konzerne zur Norm geworden, selbst in sogenannten Demokratien.

Werden Konzerne wirklich mächtiger als gewählte Regierungen? Denken Sie an die Investor-Staat-Streitbeilegungsklauseln (ISDS), die heute in Freihandelsverträgen Standard sind. Diese Klauseln ermöglichen es Unternehmen, gegen jede nationale Politik vorzugehen – und dazu gehören sogar inländische Arbeitsgesetze, die menschenwürdige Arbeitsbedingungen vorschreiben, oder Vorschriften, die die Verschmutzung von Luft und Wasser begrenzen –, wenn sie die erwarteten Gewinne des Unternehmens schmälern könnten. Der Tabakriese Philip Morris reichte eine solche Klage gegen die australische Regierung ein, die im Namen der öffentlichen Gesundheit Änderungen an den Zigarettenverpackungen verlangte. (Siehe »Deregulierung des Handels«, Kapitel 9.) Aufgrund internationaler Handelsverträge, die in den letzten Jahrzehnten unterzeichnet und ratifiziert wurden, sind die meisten Länder heute an Vereinbarungen gebunden, die sie zwingen, den Forderungen großer Unternehmen und Banken nachzugeben oder sich auf kostspielige Rechtsstreitigkeiten einzulassen, die vor geheimen, unternehmensfreundlichen Schiedsgerichten außerhalb ihrer eigenen Gerichtsbarkeit ausgetragen werden.

Wie Frankensteins Monster ist die Globalisierung eine außer Kontrolle geratene, von Menschenhand gemachte Schöpfung – das Ergebnis von Systemblindheit und engstirnigem Fachwissen. Sie hat es den größten Unternehmen und Banken der Welt ermöglicht, rücksichtslos ihre Priorität der engstirnigen, extraktiven Gewinnmaximierung zu verfolgen – und dadurch immer mächtiger zu werden.

Wenn die Globalisierung so weitergeht, wird sie weitreichende negative Auswirkungen haben, die auf den Zusammenbruch der menschlichen Gemeinschaften und der lebenserhaltenden Systeme der Erde hinauslaufen. Im nächsten Kapitel werden diese Folgen skizziert und die zugrunde liegende Zusammenhänge zwischen der globalen Wirtschaft und den vielen Formen des Zusammenbruchs, die wir heute erleben, dargestellt.

3

DIE WAHREN KOSTEN

Die im vorigen Kapitel beschriebenen strukturellen Kräfte haben zu einer zunehmend globalisierten Wirtschaft geführt, in der es auf lange Sicht keine Gewinner geben wird. Zu den ersten Verlierern gehören die Kleinbauern, die Armen und die Entrechteten. Aber da die wirtschaftlichen, sozialen und ökologischen Kosten der Globalisierung immer höher werden, können sich nicht einmal die wenigen Wohlhabenden ihren Auswirkungen entziehen: Auch sie müssen auf einem ökologisch geschädigten Planeten überleben und die Folgen eines zerrissenen sozialen Gefüges miterleben.

Hier nur einige der Kosten der Globalisierung:

■ Verlust von Lebensgrundlagen

Wenn sich Konzerne überall auf der Welt billige Arbeitskräfte suchen können, ist niemandes Arbeitsplatz sicher. Die Auswirkungen des NAFTA sind ein typisches Beispiel dafür. Das Economic Policy Institute schätzt, dass das NAFTA bis 2013 zu einem Nettoverlust von 682.900 Arbeitsplätzen in den USA geführt hat.[1] Gleichzeitig wurden auch die mexikanischen Familienbetriebe von dem Handelsabkommen hart getroffen: Da stark subventionierter US-Mais nach Mexiko floss, sank der Preis, den die mexikanischen Landwirte für ihre Produktion erhielten, zwischen den 1990er-Jahren und 2005 um über 60 Prozent.[2] Fast fünf Millionen Arbeitsplätze in bäuerlichen Familienbetrieben gingen verloren, wobei der gesamte Agrarsektor seit der Einführung des NAFTA-Abkommens einen Nettoverlust von zwei Millionen Arbeitsplätzen verzeichnete. Die angeblichen Vorteile des Handelsabkommens sind schwer zu erkennen: Trotz der neuen

Fabrikarbeitsplätze an der amerikanisch-mexikanischen Grenze (wo die Menschen unter Ausbeutungsbedingungen schuften, losgelöst von der Gemeinschaft) war die Arbeitslosenquote in Mexiko 2014 höher als 1994.[3]

Selbst innerhalb der Landesgrenzen gehen Arbeitsplätze verloren, wenn ein globaler Konzern lokale Unternehmen verdrängt. Das liegt daran, dass große Unternehmen für die gleiche Produktionsmenge weit weniger Arbeitskräfte benötigen als ihre kleineren Konkurrenten. Studien haben beispielsweise gezeigt, dass jeder neue Supermarkt im Vereinigten Königreich einen Nettoverlust von 276 Arbeitsplätzen mit sich bringt.[4]

Online-Handel – ein wichtiges Merkmal der globalen Wirtschaft – kostet ebenfalls Arbeitsplätze. Der Internethändler Amazon beschäftigt derzeit etwa 23 Personen pro zehn Millionen Dollar Umsatz,[5] während unabhängige Einzelhändler 57 Personen für die gleiche Umsatzsumme beschäftigen. Laut einer Studie des Institute for Local Self-Reliance hat Amazon bisher 150.000 Arbeitsplätze mehr vernichtet als geschaffen.[6]

Der technologische Fortschritt kostet ebenso Arbeitsplätze. Das offensichtlichste Beispiel ist die verarbeitende Industrie, wo Roboter eine Vielzahl von Facharbeitern ersetzt haben. Auf die Landwirtschaft wirkt sich Technologie ähnlich aus: Jahrzehntelang wurden Landarbeiter durch immer ausgefeiltere Technologie verdrängt, aber die neuesten Fortschritte – GPS-gesteuerte und computervernetzte Traktoren – machen die Landwirte selbst überflüssig. In den USA hält das Census Bureau die Landwirte bereits für eine demografisch so unbedeutende Bevölkerungsgruppe, dass es ihre Zahl nicht mehr erfasst.[7]

Jede Diskussion darüber, was mit dem Lebensunterhalt geschieht, ist unvollständig, wenn wir nicht auch die Frage stellen, was ein »Job« in der modernen Welt ist. Die wichtigste Tätigkeit für das menschliche Überleben und Wohlergehen – die Kindererziehung – wurde beispielsweise über viele Generationen hinweg systematisch an den Rand gedrängt und in eine Art Schattenarbeit verwandelt, die in der volkswirtschaftlichen Gesamtrechnung mit »null« bewertet wird. Ähnlich verhält es sich mit der Nahrungsmittelproduktion: Solange kein Bargeld den Besitzer wechselt, werden auch die Nahrungsmittel, die im eigenen Garten oder im gegenseitigen Austausch mit anderen Mitgliedern der Gemeinschaft produziert werden, mit »null« bewertet.

Im Globalen Süden, wo der Austausch immer noch üblich ist, ist diese fehlerhafte Buchführung besonders verheerend, weil sie eine Regierungspolitik rechtfertigt, die Menschen aus den ländlichen Dörfern – wo sie ihre eigenen Nahrungsmittel produzieren können und über Netzwerke der gemeinschaftlichen Unterstützung verfügen – in ausufernde städtische Slums treibt. Sie mögen nun in echter Armut leben, aber wenn sie auch nur einen Dollar pro Tag in einem noch so erniedrigenden »Job« verdienen, wird dies als eine Verbesserung angesehen, denn was sie vorher hatten, war »null«. Mit anderen Worten: In der kommerzialisierten globalen Wirtschaft werden Arbeitsplätze und Lebensgrundlagen ohne Preisschild überhaupt nicht einbezogen und wertgeschätzt, ebenso wenig wie die Menschen, die diese Arbeit verrichten.[8]

Verschlechterung der Gesundheit

Die Globalisierung trägt zur Verschlechterung unseres körperlichen Wohlbefindens bei. In den westlichen Gesellschaften sind Fettleibigkeit, Diabetes, Herzkrankheiten und Krebs in einem noch nie dagewesenen Ausmaß verbreitet, und die Eliten in den Entwicklungsländern holen schnell auf. Verarbeitete Lebensmittel – gentechnisch verändert, mit Pestizidrückständen, Konservierungsstoffen, künstlichen Aromastoffen und verarbeiteten Fetten belastet und aufgrund der langen Lagerung und des langen Transports ernährungsphysiologisch verarmt – tragen erheblich zu diesen Problemen bei. Das Gleiche gilt für die Umweltverschmutzung, sitzende Tätigkeiten und das Fehlen eines Gefühls von Wertschätzung und Gemeinschaft.

Die von Unternehmen kontrollierten Technologien, die im Zuge der Globalisierung entstanden sind, haben ebenfalls gesundheitliche

Folgen. Viele industrielle landwirtschaftliche Produktionsmittel sind nachweislich krebserregend, während andere endokrine Disruptoren enthalten, die selbst in kleinsten Mengen extrem giftig sind. Die von Mobiltelefonen und drahtlosen Geräten ausgehende Mikrowellenstrahlung hat in den letzten Jahren exponentiell zugenommen, wobei die möglichen Auswirkungen auf die Gesundheit noch nicht ausreichend untersucht worden sind.

Die Weltwirtschaft ist außerdem auf enorme und ständig wachsende Energiemengen angewiesen, was mit einer Vielzahl von gesundheitlichen Auswirkungen verbunden ist. Zu den Auswirkungen der Abhängigkeit von fossilen Brennstoffen gehören erhöhte Raten von durch Umweltverschmutzung bedingten Atemwegserkrankungen und »Krebsalleen« in der Nähe von Raffinerien. Die gesundheitlichen Auswirkungen der Kernenergie werden in der Nähe des japanischen Kernkraftwerks Fukushima noch über Generationen hinweg zu spüren sein, und die Millionen Tonnen abgebrannter Brennelemente und schwach radioaktiver Stoffe, die sich in anderen Kernkraftwerken auftürmen, werden noch über Tausende von Jahren hinweg eine Gefahr darstellen.

■ Psychologische Kosten

Jeden Tag werden Gemeinschaften in den weniger entwickelten Teilen der Welt mit Medienbildern bombardiert, die den modernen, westlichen Konsumlebensstil als Ideal darstellen, während lokale Traditionen und landgebundene Lebensweisen implizit verunglimpft werden. Die weltweiten Werbeausgaben beliefen sich 2016 auf über 500 Milliarden US-Dollar, wobei die höchste Wachstumsrate bei den Ausgaben in den weniger industrialisierten Ländern des Südens zu verzeichnen war.[9] Diese Bilder vermitteln die Botschaft, dass das Städtische kultiviert und das Ländliche rückständig ist; dass Importe von verarbeiteten Lebensmitteln und Industriegütern lokalen Produkten gegenüber überlegen sind; »Importiert ist gut und lokal ist Mist«, um es mit den Worten eines Werbefachmanns aus China zu sagen.[10]

Die Menschen werden nicht nur dazu verleitet, einheimische Lebensmittel gegen Hamburger von McDonald's und einheimische Kleidung gegen Designer-Jeans einzutauschen, sondern auch ihre eigene Identität umzumodeln, um den glamourösen blondhaarigen und blauäugigen Stars der Hollywood-Filme und der amerikanischen Werbung nachzueifern. Für die große Mehrheit in der Welt ist es unmöglich, diesem künstlichen Ideal zu entsprechen. Der Versuch, diesem Ideal zu entsprechen, kann zu einem tiefen Gefühl des Versagens, der Minderwertigkeit und der Selbstablehnung führen.

Die Menschen im Westen – dem angeblichen Epizentrum des Glamours – sind demselben Druck ausgesetzt. Unabhängig davon, wer man ist oder wo man lebt, wird einem von der globalen Konsum-Monokultur ein Ideal aufgezwungen, das unmöglich zu erreichen ist. Das schürt Gefühle der Unsicherheit, die es den Vermarktern leichter machen, Produkte zu verkaufen, die versprechen, einen attraktiver, beliebter und »cooler« zu machen.

Kinder tragen die Hauptlast dieses Prozesses, da Drogenmissbrauch, Gewalt und Selbstmord in der Altersgruppe der unter 18-Jährigen in vielen Industrieländern stetig zunehmen. Psychische Schäden äußern sich auch durch Probleme mit dem Körperbild, durch Selbstverletzungen oder Suchtverhalten oder durch Wut und Aggression. Diese Verhaltensweisen können bei Jugendlichen durch die allgegenwärtigen Bilder der Konsumkultur noch verstärkt werden, die die Geschlechterrollen polarisieren und unrealistische Maßstäbe für »Erfolg« vermitteln. Wir müssen erst noch den Schaden begreifen, der den jüngeren Generationen zugefügt wird, wenn sich diese Bilder und Erwartungen über die sozialen Medien immer tiefer in die Psyche der Kinder einprägen. Täglich werden Kinder darauf aufmerksam gemacht, wie viele »Likes« und »Follower« sie bekommen, was sie noch mehr in einen Wettbewerb hineinzieht, in dem der Grad des Ansehens und der Bestätigung unerbittlich quantifiziert wird.

In der Zwischenzeit berichtet die Weltgesundheitsorganisation (WHO), dass »weltweit mehr als 300 Millionen Menschen aller Altersgruppen an Depressionen leiden«, die inzwischen »die führende

Ursache für Berufsunfähigkeit weltweit« sind.[11] Am alarmierendsten ist vielleicht, dass die WHO im Jahr 2010 feststellte, dass die Selbstmordrate seit dem Zweiten Weltkrieg weltweit um 60 Prozent zugenommen hat.[12]

Selten wird der systemische Druck hinter diesen psychologischen Kosten erkannt. Strukturelle Kräfte führen zum Beispiel dazu, dass in den USA jeder Mensch auf der Suche nach Bildung und Arbeit im Durchschnitt mehr als elf Mal im Leben umzieht. Das ständige Abschneiden der Bindungen an die Gemeinschaft und den Ort hemmt natürlich die Entwicklung tiefer und dauerhafter persönlicher Beziehungen – aber da unsere hyperkompetitive Wirtschaft so tut, als sei dies »normal«, werden ihre Folgen weitgehend ignoriert. Stattdessen gibt es die Tendenz, emotionale Probleme auf den Einzelnen oder seine unmittelbaren Lebensumstände zu schieben.

Gleichzeitig wird den Menschen im Norden oft gesagt, dass sie sich als privilegierte Mitglieder eines Landes der »ersten Welt« nicht beschweren sollten. Diese Rhetorik hat Hunderte von Millionen Menschen in den wohlhabenderen Ländern für ihre tiefe geistige Verarmung blind gemacht: Das moderne Leben hat sie sehr vieler Bindungen und Beziehungen beraubt, die jedoch notwendig sind, um voll und ganz menschlich und glücklich zu sein.

■ Umweltzusammenbruch

Die Globalisierung verschärft die bereits schwerwiegenden ökologischen Folgen der Industrialisierung durch die Ausbreitung einer ressourcenintensiven, wachstumsbasierten Konsumwirtschaft in allen Ecken der Welt.

Es gibt unzählige Beweise für die globale Umweltzerstörung. Der Mutterboden geht durch den anhaltenden Entzug von Nährstoffen durch Erosion, verursacht durch die Landwirtschaft der Konzerne, rasch verloren. Ganze Landstriche mit unersetzlichen Wäldern werden durch die globale Holz-, Öl- und Bergbauindustrie vernichtet. Die Vielfalt der Pflanzen- und Tierarten auf unserem Planeten geht mit dem 100- bis 1.000-fachen der natürlichen Aussterberate verloren, was die Neuzeit zu einer der größten Aussterbewellen unseres Planeten macht.[13] Während die Tier- und Pflanzenwelt an Land ums Überleben kämpft, verschlechtert sich auch der Zustand der Weltmeere durch Plastikmüll und andere Verschmutzungen, Versauerung und industrielle Fischerei.

Eine Studie aus dem Jahr 2014, in der der ökologische Fußabdruck der Nationen bewertet wurde, zeigt, dass es unmöglich ist, eine globale Konsumwirtschaft zu schaffen, in der jeder den amerikanischen Traum lebt: Wenn jeder den gleichen ökologischen Fußabdruck pro Kopf hätte wie ein durchschnittlicher Amerikaner, bräuchten wir fünf Erden.[14]

Die Beschleunigung dieser Trends durch die Globalisierung ist einfach unvereinbar mit den Bedürfnissen der lebendigen Welt: Unser endlicher Planet hat nicht die Kapazität, ein Wirtschaftssystem aufrechtzuerhalten, das auf ständig wachsendem Verbrauch beruht. Die Globalisierung geht jedoch davon aus, dass immer mehr Menschen – und zwar alle – ermutigt werden sollten, sich diesem zerstörerischen System anzuschließen.

■ Erhöhte CO_2-Emissionen

Eine der deutlichsten und beängstigendsten Auswirkungen der globalen Wirtschaftstätigkeit ist der Klimawandel – eine Auswirkung, die durch die zunehmende Deregulierung des Handels stark verschlimmert wird. Sogar die WTO räumt ein, dass »ein offenerer Handel wahrscheinlich zu einem Anstieg der CO_2-Emissionen führen würde«.[15] Ein großer Teil dieses Handels ist unnötig. So werden beispielsweise Lebensmittel routinemäßig um die halbe Welt verschifft, um verarbeitet zu werden, und dann wieder zurückgeschickt und dort verkauft, wo sie ursprünglich herkamen. Mexikanische Kälber, die mit importiertem amerikanischem Mais gefüttert werden, werden in die Vereinigten Staaten exportiert, um dort geschlachtet und anschließend wieder nach Mexiko exportiert und dort verkauft zu werden.[16] Schottische Garnelen werden nach China geschickt, um dort geschält zu werden, während kanadische Garnelen aus dem gleichen Grund nach Island geschickt werden.[17]

Die meisten Länder betreiben auch einen »redundanten Handel« – den gleichzeitigen Import und Export identischer Lebensmittel. Im Jahr 2007 importierte Großbritannien beispielsweise 15.000 Tonnen schokoladenüberzogene Waffeln, während es 14.000 Tonnen exportierte.[18] Im Jahr 2017 importierten *und* exportierten die USA fast 1,5 Millionen Tonnen Rindfleisch und fast eine halbe Million Tonnen Kartoffeln.[19] Diese Art des überflüssigen Handels ist alltäglich. Er hat nichts mit der Deckung kurzfristiger Engpässe zu tun, sondern ausschließlich mit der Maximierung von Gewinnen.

Unnötig zu erwähnen, dass nicht erforderliche und verschwenderische Transporte enorme Mengen an CO_2 in die Atmosphäre abgeben. Aber die Emissionen der Tausenden von Frachtschiffen und Flugzeugen, die am Welthandel beteiligt sind, tauchen *in keiner nationalen Kohlenstoffbilanz auf*. Dies ist nur ein weiteres Beispiel dafür, dass Handel und globales Wachstum als wichtiger angesehen werden als alles andere – sogar als das Klima.

Der Bedarf an immer mehr Energie für eine ständig wachsende Weltwirtschaft führt zu einer Megamaschine, die Billionen von Dollar für Gas-Fracking, Bergbau, Teersandabbau, Tiefsee-Ölquellen, Atomkraft, Geo-Engineering und vieles mehr ausgibt. Da die Menschen in den Entwicklungsländern dazu angehalten werden, den westlichen, konsumorientierten Lebensstil nachzuahmen, verschlimmert sich die Situation rapide. Schon jetzt ist Indien der drittgrößte CO_2-Emittent der Welt; seine Pro-Kopf-Emissionen aus der Energienutzung werden sich bis 2030 gegenüber 2015 voraussichtlich verdoppeln.[20]

■ Aushöhlung der Demokratie

In dem Maße, in dem die Entscheidungsfindung in nicht gewählten, nicht rechenschaftspflichtigen Gremien wie der WTO, dem IWF und der Europäischen Kommission zentralisiert wird, schrumpft der Einfluss des Einzelnen immer weiter. Dies gilt sogar in nominell demokratischen Ländern: Die Menschen haben zwar immer noch das Recht, nationale und lokale Politiker zu wählen, aber da politische Parteien von links und rechts die Wünsche von Konzern- und

Bankeninteressen übernehmen, kann die Stimmabgabe fast bedeutungslos werden. Dies gilt insbesondere dann, wenn die ISDS-Regeln bedeuten, dass demokratisch verabschiedete Gesetze und Vorschriften außer Kraft gesetzt werden können, wenn sie die Profite der Unternehmen gefährden. Und da die Konzerne dank der Globalisierung immer reicher werden, können sie ihre Ausgaben für Lobbyisten, Wahlkampfspenden und politische Werbung erhöhen, – was ihnen noch mehr Einfluss auf die Entscheidungsfindung der Regierung gibt. (Siehe »Die Herrschaft der Konzerne«, Kapitel 9.)

■ Wachsende Kluft zwischen den »Besitzenden« und den »Habenichtsen«

Entgegen dem weit verbreiteten Slogan »Eine steigende Flut hebt alle Boote«, vergrößert das globale Wachstum tatsächlich die Kluft zwischen Arm und Reich. Das Vermögen der acht reichsten Menschen ist heute genauso groß wie das der ärmsten Hälfte der Weltbevölkerung – fast vier Milliarden Menschen – und die Ungleichheit nimmt weiter zu.[21] Seit den 1970er-Jahren hat die Einkommensungleichheit in fast allen Industrieländern zugenommen, ist aber in den »Entwicklungsländern« besonders ausgeprägt.[22] In China beispielsweise hat sich das Ausmaß der Ungleichheit zwischen 1980 und 2010 fast verdoppelt. In einer Umfrage aus dem Jahr 2012 stuften die Chinesen die Ungleichheit als die größte soziale Herausforderung des Landes ein noch vor Korruption und Arbeitslosigkeit.[23] Seit dem Ende der Apartheid hat sich das Wohlstandsgefälle auch in Südafrika vergrößert, wo sich Elendsviertel und luxuriöse, umzäunte Wohnsiedlungen gegenüberstehen.[24]

■ Mangelnde Widerstandsfähigkeit

Da die Globalisierung die Länder dazu ermutigt, ihre Produktion zu spezialisieren, sind die meisten von ihnen heute selbst für die Grundbedürfnisse ihres Landes auf Importe angewiesen. Gefesselt an eine unbeständige Weltwirtschaft, die sie nicht kontrollieren können, sind sie anfällig für die Auswirkungen von Naturkatastrophen, Kriegen,

Krankheiten, Wirtschaftseinbrüchen – und natürlich Spekulationen – Tausende von Kilometern entfernt.

■ Ungesunde Verstädterung

Die Globalisierung untergräbt die ländliche Wirtschaft und führt zu einer massiven Bevölkerungsverschiebung vom Land in die Städte. Dies gilt vor allem für den Süden, wo die globale Wirtschaft autarke Systeme aufbricht und den Menschen kaum eine andere Wahl lässt, als in die Städte zu ziehen, deren Bevölkerungszahl explodiert. Im Jahr 2015 lebte eine Milliarde Menschen in städtischen Slums, und die Zahl steigt jedes Jahr.[25]

Im Zeitalter der Globalisierung wurden Millionen von Menschen von ihrem Land vertrieben, um Platz für Entwicklungsprojekte zu schaffen, die im Namen von »Fortschritt« und Wirtschaftswachstum durchgeführt wurden. In einem Bericht des International Consortium of Investigative Journalists aus dem Jahr 2015 wurde festgestellt, dass allein in den letzten zehn Jahren durch von der Weltbank finanzierte Entwicklungsprojekte »schätzungsweise 3,4 Millionen Menschen physisch oder wirtschaftlich vertrieben wurden, indem man sie aus ihren Häusern vertrieb, ihnen ihr Land wegnahm oder ihre Lebensgrundlagen zerstörte«.[26] Diese Art der Vertreibung war eine der Hauptursachen für das Wachstum der Mega-Slums.[27]

China ist ein besonders ernüchterndes Beispiel für erzwungene Urbanisierung: Obwohl sich dies jetzt zu ändern beginnt, war es die offizielle Politik des Landes, Hunderte Millionen Chinesen vom Land in die Städte umzusiedeln: im Namen von Wirtschaftswachstum und Entwicklung. Einem Bericht der *New York Times aus* dem Jahr 2013 zufolge, bestand das Ziel des Modernisierungsplans der Regierung darin, »bis 2025 70 Prozent der Bevölkerung des Landes, d.h. etwa 900 Millionen Menschen, vollständig in das Stadtleben zu integrieren.«[28] Einige argumentieren, dass dieser Plan eine uneingeschränkte Verbesserung der Aussichten für die große Masse der chinesischen Bauern darstellt, auf die er abzielt, aber es ist unwahrscheinlich, dass Chinas zunehmend mechanisierte Fabriken in der Lage sein werden, einen solch massiven Zustrom von Arbeitskräften aufzunehmen. Darüber hinaus sind die neu geschaffenen Arbeitsplätze in den Städten oft sehr ausbeuterisch. Wie der größte Gewerkschaftsverband in den Vereinigten Staaten, die AFL-CIO, betont hat, beruht Chinas wirtschaftlicher Hauptvorteil auf der »unablässigen Unterdrückung der Arbeitnehmerrechte [und] der rücksichtslosen Ausbeutung von schätzungsweise 100 Millionen Landarbeitern« durch die Regierung.[29]

Auch in den meisten Industrieländern konzentrieren sich die Arbeitsplätze in der globalen Wirtschaft auf die sich ausbreitenden Großstädte und ihre Vororte, während die ländlichen Regionen systematisch an wirtschaftlicher Vitalität verlieren.

Neben einer Vielzahl sozialer Probleme trägt die Verstädterung zu einem erheblichen Anstieg des Ressourcenverbrauchs und der Umweltverschmutzung bei. Nahezu jeder materielle Bedarf der verstädterten Bevölkerung muss von anderswo herbeigeschafft werden, während die daraus resultierenden Abfälle – von denen ein Großteil in einer ländlichen Umgebung verwendet werden könnte – zu einer hoch konzentrierten Quelle der Verschmutzung werden.

■ Verlust der Ernährungssicherheit

Es besteht ein struktureller Zusammenhang zwischen Globalisierung und Monokultur: Globale Konzerne sind nur dann erfolgreich, wenn sie identische Produkte an eine große Zahl homogenisierter Verbraucher vermarkten können. Für das Lebensmittelsystem bedeutete dies einen dramatischen Rückgang der landwirtschaftlichen Vielfalt: Tausende lokaler Pflanzensorten wurden zugunsten einiger weniger aufgegeben, die für die monokulturelle Produktion und den Transport über große Entfernungen geeignet sind. Insgesamt sind im letzten Jahrhundert etwa 75 Prozent der weltweiten landwirtschaftlichen Vielfalt verloren gegangen, was die genetische Basis schmälert und die Ernährungssicherheit überall gefährdet.[30]

Eine Handvoll Konzerne kontrolliert heute einen wachsenden Anteil der weltweiten Nahrungsmittelversorgung.[31] Entgegen der landläufigen Meinung bedeutet dies einen ineffizienten, verschwenderischen Umgang mit natürlichen Ressourcen: Großflächige Monokulturen sind pro Hektar weniger produktiv als kleinere, diversifizierte Betriebe (siehe Kapitel 7). Die Kontrolle durch Unternehmen bedroht auch den Zugang zu Lebensmitteln für viele Menschen, insbesondere für die Bewohner von »Lebensmittelwüsten«, die von abgepacktem Junkfood umgeben sind, aber keinen Zugang zu nahrhaften, gesunden und frischen Lebensmitteln haben. Heute, wo die Lebensmittelversorgung stärker als je zuvor von Konzernen kontrolliert wird, sind mehr als 800 Millionen Menschen unterernährt – und das, obwohl mehr als genug Lebensmittel produziert werden, um alle Menschen auf der Erde ausreichend zu ernähren.[32]

■ Die Zunahme von Konflikt, Gewalt und Extremismus

Die Zunahme von Gewalt und zivilen Unruhen in der ganzen Welt ist eine vorhersehbare Folge eines Wirtschaftssystems, das monokulturelle Stereotypen aufzwingt und gleichzeitig die wirtschaftliche Unsicherheit verstärkt. Vor allem im Globalen Süden führt der Verlust des Selbstwertgefühls zusammen mit dem intensiven Wettbewerb um die immer knapper werdenden Arbeitsplätze zu einer tiefen sozialen Spaltung. Da die Menschen in einem demoralisierenden System des Verdrängungswettbewerbs gefangen sind, ist eine Eskalation von Vorurteilen, Rassismus, Feindseligkeit gegenüber Einwanderern und Spannungen zwischen ethnischen Gruppen nahezu unvermeidlich. Die Bedrohung der eigenen Identität durch eine fortschreitende globale Monokultur kann auch dazu führen, dass sich die Menschen in übertriebener Weise an ihre Traditionen klammern. Infolgedessen sind alle Formen des religiösen Fundamentalismus auf dem Vormarsch – islamisch, christlich, jüdisch, hinduistisch und sogar buddhistisch. Inzwischen hat der rechtsextreme Autoritarismus in einem Land nach dem anderen an Popularität gewonnen und macht den Populismus zu einer spaltenden und zerstörerischen Kraft. Diese Themen verdienen besondere Aufmerksamkeit und werden im nächsten Kapitel eingehend behandelt.

4

DAS AUFKOMMEN DES EXTREMISMUS

Für diejenigen, denen Frieden, Gleichberechtigung und die Zukunft des Planeten am Herzen liegen, ist der politische Rechtsruck der letzten Jahre zutiefst beunruhigend. Wir müssen uns fragen: Wie konnte das passieren? Warum ist der rechte Autoritarismus überall auf der Welt auf dem Vormarsch?

Nach dem, was Sie bisher gelesen haben, wird es Sie nicht überraschen, dass ich glaube, dass die Antwort in der Globalisierung liegt. Wie wir gesehen haben, ist die Globalisierung ein Prozess, bei dem die unterschiedlichen lokalen Volkswirtschaften durch ein einziges, globales System ersetzt werden, das – sowohl politisch als auch wirtschaftlich – von einer Handvoll großer Unternehmen und Banken beherrscht wird. Aber die Globalisierung geht tiefer als Politik und Wirtschaft. Sie hat tiefgreifende persönliche Auswirkungen und führt dazu, dass die Menschen in vielerlei Hinsicht zunehmend verunsichert sind. Und unsichere Menschen können sehr empfänglich für falsche Erzählungen sein, die vorgeben, ihre prekäre Situation zu erklären.

Von der Kooperation zum Konflikt

Lassen Sie mich veranschaulichen, wie dies in Ladakh geschah. In der traditionellen Kultur bestand die Arbeit darin, für die Grundbedürfnisse der Gemeinschaft zu sorgen – Nahrung, Kleidung, Wohnung. Obwohl in einem typischen ladakhischen Haushalt wenig Geld vorhanden war, gab es keine Anzeichen für die Art von Armut, die man überall in den sogenannten »Entwicklungsländern« sieht – wo die Menschen hungern oder unterernährt sind und weder eine angemessene Unterkunft noch sauberes Trinkwasser haben. Tatsächlich wurde mir in ganz Ladakh regelmäßig gesagt: »Wir sind *tung-bos zabos*«, was so viel bedeutet wie: »Wir sind Selbstversorger, wir haben genug zu essen und zu trinken.«

Während meiner ersten Jahre in Ladakh war ein bemerkenswertes Maß an sozialer Harmonie zu beobachten; besonders bemerkenswert war die Tatsache, dass die buddhistische Mehrheit und die muslimische Minderheit, die wirtschaftlich voneinander abhängig waren, friedlich Seite an Seite lebten. Natürlich gab es Probleme wie in allen menschlichen Gesellschaften, aber die Harmonie und *Lebensfreude*, die ich erlebte, war ganz anders als das, was ich aus meiner Kindheit in Europa kannte.

Innerhalb eines Jahrzehnts kam es jedoch zu einer erschreckenden Abkehr von der traditionellen Harmonie, als Buddhisten und Muslime begannen, um knappe Arbeitsplätze zu konkurrieren und sich als Feinde zu betrachten. Ethnische und religiöse Unterschiede nahmen eine spaltende politische Dimension an und führten zu Bitterkeit und Feindschaft in einem bis dahin unbekannten Ausmaß. Junge Ladakhis, für die die Religion bloß ein Teil des täglichen Lebens war, unternahmen übertriebene Schritte, um ihre religiöse Zugehörigkeit und Hingabe zu demonstrieren. Muslime verlangten von ihren jungen Töchtern, den Kopf mit einem Kopftuch zu bedecken. Die Buddhisten in der Hauptstadt begannen, ihre Gebete über Lautsprecher zu übertragen, um dem muslimischen Gebetsruf Konkurrenz zu machen. Religiöse Zeremonien, die einst von der gesamten Gemeinschaft – Buddhisten wie Moslems – gefeiert wurden, wurden nun zu Gelegenheiten, den eigenen Reichtum und die eigene Stärke zur Schau zu stellen.

Im Jahr 1989 explodierten die Spannungen zwischen den beiden Gruppen und führten zu Gewalt, die mehrere Menschenleben forderte. Ich hörte, wie sanftmütige buddhistische Großmütter, die einige Jahre zuvor noch mit ihren muslimischen Nachbarn Tee tranken und sogar die religiösen Feste der anderen mitfeierten, erklärten: »Wir müssen die Muslime töten, bevor sie uns umbringen.«

Außenstehende schrieben den Konflikt dem Aufflammen alter ethnischer Spannungen zu, aber solche Spannungen hatten in 600 Jahren aufgezeichneter Geschichte noch nie zu Gruppengewalt geführt. Als jemand, der dort lebte und fließend Ladakhi sprach, hatte ich als Außenstehende und zugleich Insider eine einzigartige Perspektive, und es war für mich offensichtlich, dass es einen Zusammenhang zwischen den wirtschaftlichen Veränderungen durch die »Entwicklung« und dem plötzlichen Auftreten gewaltsamer Konflikte gab.

Die auffälligsten Veränderungen in der Wirtschaft betrafen die Bereiche Lebensmittel und Landwirtschaft. Importierte Lebensmittel, die von der indischen Regierung stark subventioniert wurden, wurden nun zum halben Preis der lokalen Produkte verkauft. Infolgedessen wurde die Selbstversorgung mit Lebensmitteln nach und nach durch die Abhängigkeit vom globalen Lebensmittelsystem ersetzt, und viele Ladakhis – von denen die überwiegende Mehrheit Landwirte waren – begannen sich zu fragen, ob es für sie eine Zukunft gab.

Auch die Veränderungen im Bildungswesen hatten einen großen Einfluss. Früher lernten die ladakhischen Kinder die Fähigkeiten, die sie zum Überleben, ja sogar zum Gedeihen in dieser schwierigen Umgebung brauchten: Sie lernten, Nahrung anzubauen, Tiere zu versorgen und Häuser aus lokalen Ressourcen zu bauen. Doch in den neuen, westlich orientierten Schulen wurden den Kindern stattdessen Fähigkeiten vermittelt, die für ein städtisches Leben in einer globalisierten Wirtschaft geeignet sind – eine Lebensweise, in der fast alle grundlegenden Dinge importiert werden. Die neuen Schulen lehrten fast nichts über die ladakhische Lebensweise; stattdessen wurde den Kindern implizit beigebracht, auf die traditionelle Kultur herabzusehen.

Auch der Ort der politischen und wirtschaftlichen Macht veränderte sich. Traditionell war der Haushalt das Zentrum der Wirtschaft, wobei die meisten größeren Entscheidungen auf Dorfebene getroffen wurden. Mit dem Aufkommen der globalen Wirtschaft wurde die wirtschaftliche und politische Macht in der Hauptstadt Leh zentralisiert, wodurch die Dorfbewohner von Entscheidungen, die ihr Leben stark beeinflussten, ausgeschlossen wurden. In der Zwischenzeit wurden junge Männer auf der Suche nach bezahlten Arbeitsplätzen aus ihren Dörfern nach Leh geholt. Plötzlich von ihrer Dorfgemeinschaft abgeschnitten und im Verdrängungswettbewerb um die knappen Arbeitsplätze mit Hunderten anderen, wurde ihr einst sicheres Identitätsgefühl gründlich ausgehöhlt.

Diese Veränderungen wurden durch den Zustrom ausländischer Touristen, die Einführung des Satellitenfernsehens und eine Flut von Werbekampagnen noch verstärkt, die allesamt dazu dienten, die westliche, städtische Kultur zu romantisieren, so dass sich die Ladakhis demgegenüber rückständig und dumm vorkamen.

Mir war klar, dass der Einzug der globalen Wirtschaft ein allgegenwärtiges Gefühl der Unsicherheit und Entmachtung hervorgerufen hatte. Auf praktischer Ebene wurden die Ladakhis von weit entfernten Herstellern und zentralisierten Bürokratien abhängig anstatt voneinander. Psychologisch gesehen hatten sie das Vertrauen in sich selbst und ihre Kultur verloren. Es ist nicht schwer zu verstehen, wie Menschen, die so unsicher und entmachtet sind, zu Wut und Extremismus neigen.

Die Geschwindigkeit und das Ausmaß, in dem sich diese Veränderungen in Ladakh vollzogen, waren überwältigend und machten den strukturellen Zusammenhang zwischen Globalisierung, Unsicherheit und Konflikten sehr deutlich. Mir wurde aber auch klar, dass derselbe Prozess überall auf der Welt im Gange ist: Das Wirtschaftssystem ist fast überall zu einem Motor für Angst, Fundamentalismus und politische Instabilität geworden. Und sowohl im Globalen Norden als auch im Süden hat die enorme psychologische und materielle Unsicherheit, die durch die Globalisierung gefördert wird, die Fähigkeit von Demagogen, Angst und Vorurteile zu schüren, um die öffentliche Meinung zu manipulieren, stark vergrößert.

Um diesen Trend umzukehren, reicht weder eine Identitätspolitik noch die herkömmliche Politik von »links« gegen »rechts«. Ich glaube, dass wir, wenn wir eine der großen Krisen, mit denen wir konfrontiert sind, lösen wollen – einschließlich des Anstiegs von Intoleranz, Fundamentalismus, Hypernationalismus und Autoritarismus –, die strukturellen wirtschaftlichen Kräfte, die dem Problem zugrunde liegen, grundlegend ändern müssen. Diese Kräfte sind die Motoren der Globalisierung, und die Umkehrung dieses Prozesses ist unsere größte Hoffnung auf Frieden und Stabilität.

Wie hat die Globalisierung zu einem Zusammenbruch der Demokratie, zu zunehmendem Fundamentalismus und Gewalt und zum Aufstieg rechtsextremer Politiker geführt? Um diese Frage zu beantworten, ist es von entscheidender Bedeutung, dass wir die größeren Zusammenhänge sehen, die in den Mainstream-Analysen im allgemeinen ignoriert werden.

Globalisierung und Ungewissheit

Viele Menschen assoziieren Globalisierung mit internationaler Zusammenarbeit, Reisen und der Verbreitung humanitärer Werte, aber Globalisierung ist – mehr als alles andere – ein *wirtschaftlicher* Wandel, der seit dem Ende des Zweiten Weltkriegs im Zentrum der neoliberalen Ideologie und der Unternehmensagenda steht. Im Globalen Süden wird sie als »Entwicklung« bezeichnet, im Globalen Norden als »Fortschritt«. Aber im Norden wie im Süden ist der grundlegende Prozess derselbe – die Deregulierung, Zentralisierung und Privatisierung von Wirtschaft, Finanzen und Politik. Diese Veränderungen tragen zum Gewinn der multinationalen Konzerne und Banken bei, haben aber zutiefst negative Auswirkungen auf die Gesellschaft.

■ Arbeitsplatzunsicherheit

Da Konzerne die Weltwirtschaft beherrschen, können selbst langjährige Arbeitsplätze über Nacht verschwinden. Viele Menschen leben in ständiger Angst vor der Arbeitslosigkeit, während andere selbst mit einem Vollzeitjob nicht über die Runden kommen.

Obwohl die zunehmende Arbeitsplatzunsicherheit eine Folge der Globalisierung ist, besteht die von den politischen Entscheidungsträgern angebotene Lösung fast nie darin, die Deregulierung der Unternehmen rückgängig zu machen. Vielmehr ist »mehr vom Gleichen« das häufigste Rezept: mehr Wirtschaftswachstum, weniger Umweltvorschriften, weniger Steuern und mehr staatliche Unterstützung für Hightech. Obwohl es sich hierbei um unternehmensfreundliche Antworten handelt, werden sie oft als Bemühungen zum Schutz des »kleinen Mannes« vor »big government« verpackt. Viele Menschen, deren Leben durch das derzeitige Wirtschaftssystem aus den Fugen geraten ist, machen sich diese Dinge zu eigen, verbunden mit falschen Behauptungen, die Immigranten oder Minderheiten die Schuld geben – Menschen, die durch das globale Wirtschaftssystem noch stärker geschädigt werden. Da kaum ein politischer Führer bereit ist, die von Konzernen gesteuerte Weltwirtschaft als Ursache für diese und so viele andere Probleme zu benennen, füllen Stimmen, die eine rechte, regierungsfeindliche und fremdenfeindliche Perspektive widerspiegeln, diese Lücke.

■ Politische Ungewissheit

Die Deregulierung macht globale Konzerne und Banken reicher, aber sie macht die Regierungen ärmer. Ihre Staatskassen wurden durch die hohen Subventionen und Steuererleichterungen, mit denen große Unternehmen angelockt werden, geleert und durch Steuervermeidung und die Möglichkeit der multinationalen Unternehmen, ihre Gewinne in Ländern mit niedrigeren Steuersätzen zu verstecken, weiter ausgehöhlt. In der Zwischenzeit müssen die Regierungen für alle externen Effekte aufkommen – die sozialen und ökologischen Probleme, die unvermeidliche Nebenprodukte des globalen Wachstums sind. Infolgedessen sehen viele Menschen ihre Regierungschefs als unfähig an – als Versager bei der Erfüllung der nationalen Aufgaben –, während der wachsende Reichtum und Erfolg der Unternehmen nahelegt, dass die Lösung darin besteht, »das Land mehr wie ein Unternehmen zu führen«.

Durch die zunehmende Distanz zu den Institutionen, die ihr Leben beeinflussen, und die wachsende Unsicherheit in Bezug auf ihre wirtschaftliche Existenz sind viele Menschen frustriert, wütend und desillusioniert über das gesamte politische System. In Unkenntnis über die Rolle der Weltwirtschaft bei der Abwärtsspirale ihrer Gemeinden geben viele Menschen einzelnen Politikern oder politischen Parteien die Schuld – nur um dann enttäuscht zu sein, wenn ein Wechsel der Amtsinhaber oder der Partei an der Macht nichts für ihre Gemeinde oder ihr persönliches Leben bewirkt. Andere stimmen für Kandidaten, die versprechen, dass eine weitere Entlastung der Großunternehmen durch den Abbau von »Bürokratie« das Wirtschaftswachstum ankurbeln und sichere Arbeitsplätze schaffen wird. Da sie das Gesamtbild nicht sehen, werden sie immer anfälliger für falsche Behauptungen und extremistische Ansichten.

■ Psychische Unsicherheit

Wenn die lokale und sogar die nationale Wirtschaft untergraben wird, beginnt das Gefüge der wechselseitigen Abhängigkeit, das die Gemeinschaften zusammenhält, zu zerfasern. Dies führt nicht nur zu sozialer Zersplitterung und Isolation, sondern zerreißt auch das Sicherheitsnetz, das gewährleistet, dass man in Zeiten der Not auf die Hilfe der Gemeinschaft zählen kann.

Gleichzeitig breitet sich die globale Konsumkultur unaufhaltsam aus. Überall auf der Welt werden die Menschen mit Werbebotschaften bombardiert, die ihnen sagen: »Du bist nicht gut genug, so wie du bist, aber wenn du unser Produkt kaufst, wirst du besser.« Da sich die persönlichen Beziehungen von Angesicht zu Angesicht verschlechtern und reale Vorbilder durch künstliche Bilder von Perfektion in den Massenmedien und in der hyperbolischen Welt der sozialen Medien ersetzt werden, sind ungesunde Vergleiche weit verbreitet.

Verunsichert und ausgegrenzt durch die neue Wirtschaft, sind die Menschen sehr anfällig für Vorurteile. Vor allem im Globalen Süden führt der Zerfall von Gemeinschaften und Kulturen dazu, dass vielfältige Beziehungen zwischen den Generationen zerstört und Identitäten entwurzelt werden. Diese gesünderen Identitäten werden oft durch destruktive Alternativen ersetzt, die das verzweifelte Bedürfnis nach Zugehörigkeit widerspiegeln. Ideologischer Fundamentalismus und Extremismus können sowohl eine Erklärung für die sich verschlimmernden sozialen und persönlichen Missstände als auch eine radikale Lösung bieten. Er kann persönliche Bestätigung und Bedeutung, Solidarität und ein Gefühl der Gemeinschaft bieten – alles wesentliche menschliche Bedürfnisse, die durch die Globalisierung untergraben wurden. Auf diese Weise hat die Entwurzelung der Landbevölkerung des Südens einen Großteil der ethnischen Konflikte, mitunter Fundamentalismus und Radikalismus in diesem Teil der Welt ausgelöst.

Ländliche Gebiete im Norden wurden von den globalen wirtschaftlichen Kräften in ähnlicher Weise ausgehöhlt. Familienbetriebe, die auf die globale Lebensmittelwirtschaft angewiesen sind, können nicht mit stark subventionierten Agrarunternehmen konkurrieren, und ihr stetiger Niedergang hat die lokale Wirtschaft und die Gemeinden, die sie einst trugen, dezimiert. Junge Menschen, die in diesen ländlichen Gebieten aufgewachsen sind, sehen dort oft keine Zukunft: Es gibt nicht nur kaum Arbeitsplätze, sondern – genau wie in Ladakh – vermitteln ihnen die Medien und die Werbung, dass das Stadtleben im Gegensatz dazu »cool«, glamourös und aufregend ist.

In Unkenntnis über die zerstörerischen Auswirkungen der von Unternehmen geführten globalen Wirtschaft sind die Menschen anfällig für rechte Ansichten. Sie lassen sich leicht dazu verleiten, Einwanderer und Minderheiten für ihre Probleme verantwortlich zu machen. Und sie werden oft anti-grün und anti-links, weil sie glauben, dass aufgeblähte Regierungsbürokratie und teure Umweltschutz- und Sozialmaßnahmen für ihre wirtschaftliche Misere verantwortlich seien. Viele stimmen für Freihandel und eine Laissez-faire-Wirtschaft, weil sie glauben, dass diese Politik ihnen den Wohlstand bringt, der ihnen vorenthalten wurde. Der weit verbreitete Mangel an Bewusstsein für das große Ganze ermöglicht es den Rechtsextremen, an Stärke zu gewinnen.

Um weitere politische Instabilität, Stillstand und Chaos zu vermeiden, müssen wir dringend über die wirtschaftliche Deregulierung und ihre Auswirkungen auf unsere Gemeinschaften und unser persönliches Leben aufklären. Nur die Unwissenheit über dieses System ermöglicht es den Pseudolösungen von Trump, Johnson, Duterte und anderen, so stark zu werden, obwohl das globale Wirtschaftssystem ungehindert weitermarschiert. Auch wenn diese rechten politischen Kräfte oft als »globalisierungsfeindlich« gebrandmarkt werden, helfen sie in Wirklichkeit dabei, die globalen Monopole zu stärken.[1]

5

LOKALISIERUNG

Wie wir da hinkommen

Lokalisierung. *Substantiv. 1. die Abschaffung von Steuererleichterungen und anderen Subventionen, die derzeit riesige transnationale Konzerne und Banken begünstigen; 2. die Verringerung der Abhängigkeit von Exportmärkten zugunsten der Produktion für den lokalen Bedarf (oft verwechselt mit Isolationismus, Protektionismus, der Abschaffung des Handels).*

Wenn die Globalisierung die Wurzel so vieler Probleme ist, liegt es nahe, dass die Lokalisierung – eine Verlagerung vom Globalen zum Lokalen – eine systemische Lösung bietet.

Lokalisierung ist ein Prozess der wirtschaftlichen Dezentralisierung, der es Gemeinden, Regionen und Nationen ermöglicht, mehr Kontrolle über ihre eigenen Angelegenheiten zu bekommen. Wie wir gesehen haben, gestalten globale Banken und Konzerne unsere Gesellschaften und unsere politischen Institutionen aktiv mit. Lokalisierung ist ein Weg, diesen Trend umzukehren: Anstatt dass die Wirtschaft die Regeln für die Gesellschaft bestimmt, bestimmen die Bürger – durch den demokratischen Prozess – die Regeln für die Wirtschaft.

Lokalisierung bedeutet, die Entfernung zwischen Erzeugern und Verbrauchern so weit wie möglich zu verkürzen und ein gesünderes Gleichgewicht zwischen lokalen und globalen Märkten herzustellen. Es bedeutet nicht, dass Menschen in kalten Klimazonen keine Orangen oder Avocados bekommen, sondern dass ihr Weizen, ihr Reis oder ihre Milch – kurz gesagt, ihre Grundnahrungsmittel – nicht Tausende von Kilometern transportiert werden müssen, wenn sie in einem Umkreis von 50 Meilen produziert werden können. Anstatt den gesamten Handel über große Entfernungen zu unterbinden, können Schritte zur Lokalisierung unnötige Transporte reduzieren und gleichzeitig die Wirtschaft auf kommunaler und nationaler Ebene stärken und diversifizieren. Der Grad der Diversifizierung, die produzierten Waren und der Umfang des Handels werden natürlich von Region zu Region unterschiedlich sein.

Wenn man sich die Lokalisierung als eine Veränderung über Nacht zu einem vorher festgelegten Endpunkt vorstellt, mag es unmöglich scheinen, sie zu erreichen. Die Versorgungsketten, die Lebensmittel, Kleidung, Energie, Wasser und alle anderen Bedarfsgüter in riesige, dichtbevölkerte Städte bringen, sind unglaublich komplex. – Wie soll man die lokalisieren?

Aber es ist wichtig, sich daran zu erinnern, dass auch jetzt die Regeln für eine kontinuierliche Beschleunigung in Richtung Globalisierung geändert werden. Lokalisierung bedeutet einfach, die Richtung des Wandels umzukehren und so zu ändern, dass er sich auf das Lokale statt auf das Globale ausrichtet.

An Orten, an denen die lokalen Wirtschaftsstrukturen noch relativ solide sind – zum Beispiel im Globalen Süden –, kann der Wandel relativ schnell erfolgen. An Orten, an denen das Gefüge der lokalen Gemeinschaft und Wirtschaft fast vollständig zerstört wurde, wird es länger dauern und mehr Anstrengungen erfordern.

Ein Richtungswechsel erfordert Anstrengungen auf zwei sehr unterschiedlichen Ebenen. Auf der »Bottom-up«-Ebene (Bewegungen von unten) zeigen bereits Millionen von lokalen und regionalen Unternehmen, dass sie die Grundbedürfnisse besser befriedigen können als die wenigen Monopole, die die Wirtschaft derzeit beherrschen. Wie wir im nächsten Kapitel sehen werden, stellen diese gemeinschaftsbasierten Projekte das soziale und wirtschaftliche Gefüge auf eine Weise um, die den Bedürfnissen der Natur – sowohl der wilden als auch der menschlichen – gerecht wird.

Damit sich Initiativen wie diese weiter ausbreiten können, ist jedoch ebenso ein politischer Wandel von oben nach unten erforderlich, um die strukturellen Kräfte umzukehren, die heute das Große und Globale fördern. Das Ziel dieses politischen Wandels – und das Ziel meiner Organisation – ist die Förderung der »kleinen Einheit in großem Maßstab«. Im Folgenden geht es um die politischen Veränderungen, die notwendig sind, um diese Vision Wirklichkeit werden zu lassen.

Handelsverträge

Eine erste Priorität ist es, darauf zu bestehen, dass unsere Regierungen an die Tische zurückkehren, an denen sie unsere Rechte an die globalen Unternehmen abgetreten haben. Wir brauchen neue Verträge, die diese Macht zurückbringen – unter anderem, indem sie von den Unternehmen einfordern, dass sie ortsgebunden oder lokal tätig sind und damit den Menschen gegenüber, mit denen sie zu tun haben, mehr Verantwortung übernehmen.

Anstatt den Welthandel weiter zu deregulieren, könnten die Nationen gemeinsam an Vereinbarungen arbeiten, die gesunde lokale und nationale Volkswirtschaften in den Vordergrund stellen. Der Zweck des Handels wäre nicht mehr die Steigerung der Unternehmensgewinne und des BIP, sondern die Bereitstellung von Märkten für Produktionsüberschüsse und die Beschaffung von Waren, die im Inland nicht produziert werden können.

Viele internationale Netzwerke von Organisationen und Einzelpersonen sind entstanden, die sich gegen eine weitere Deregulierung des Handels wenden. In den Tagen vor den Parlamentswahlen 2014 in Europa schlossen sich mehr als 50 dieser Gruppen zusammen, um ein alternatives Handelsmandat zu entwerfen, wobei sich 193 Kandidaten verpflichteten, die Ziele des Mandats zu unterstützen. Dazu gehörten Vorschläge, »die es Ländern, Regionen und Gemeinschaften ermöglichen, die Produktion, den Vertrieb und den Verbrauch von Waren und Dienstleistungen zu regulieren; ... lokalen und regionalen Lebensmittelsystemen Vorrang vor dem globalen Agrarhandel zu geben; ... [und] Unternehmen für die sozialen und ökologischen

Auswirkungen ihrer Tätigkeit zur Verantwortung zu ziehen«.[1] In jüngster Zeit ist eine neue Koalition entstanden, die sich zum Ziel gesetzt hat, die unternehmensfreundlichen Investor-Staat-Streitbeilegungsgerichte – ein Merkmal der meisten »Freihandels«-Verträge – abzuschaffen. Das Netzwerk StopISDS.org setzt sich außerdem für ein verbindliches UN-Abkommen ein, um sicherzustellen, dass globale Unternehmen für ihre Handlungen zur Rechenschaft gezogen werden.[2]

Natürlich wird es für eine einzelne Nation schwierig sein, das »Freihandels«-Regime abrupt zu verlassen: Die meisten Volkswirtschaften wurden über viele Jahrzehnte hinweg so umstrukturiert, dass sie fast vollständig vom Handel abhängen. Eine Möglichkeit ist eine »Abtrünnigkeitsstrategie«, bei der eine kleine (und später wachsende) Gruppe von Nationen zusammenarbeitet, um neue Handelsverträge zu schmieden, die die Verwendung von Zöllen zur Begrenzung der Einfuhr von Waren erlauben, die im Inland hergestellt werden können. Dieser »Protektionismus« würde sich nicht gegen Bürger anderer Länder richten, sondern wäre ein Mittel, um Arbeitsplätze und lokale Ressourcen vor der übermäßigen Macht transnationaler Unternehmen und Banken zu schützen.

Eine solche Gruppe abtrünniger Nationen würde kooperativ daran arbeiten, ihre Handelsabhängigkeit zu verringern und ihre heimischen Volkswirtschaften zu diversifizieren, anstatt ihre Produktion zugunsten des globalen Kapitals weiter zu spezialisieren. Sie könnten Vereinbarungen zur Verringerung des Handelsvolumens unterzeichnen, wenn ihre Volkswirtschaften zunehmend autark werden, wobei sie wiederum hauptsächlich Dinge einführen würden, die sie nicht selbst produzieren können.

Finanzpolitik

Die Regierungen müssen das Banken- und Finanzsystem neu regulieren, um den unregulierten Kapitalfluss einzudämmen. Gleichzeitig muss der lokale Investitionssektor von überholten Gesetzen befreit werden, die es den Menschen fast unmöglich machen, über Pensionsfonds und Wertpapierbörsen in ihre Gemeinden zu investieren.

Auch bei den Kreditvergabepraktiken muss sich etwas ändern. Derzeit diskriminieren Geschäftsbanken kleine Unternehmen, indem sie ihnen wesentlich höhere Kreditzinsen berechnen als großen Unternehmen. Außerdem verlangen sie häufig, dass die Inhaber kleiner Unternehmen persönlich für ihre Kredite bürgen, während sie von den Geschäftsführern großer Unternehmen nicht dasselbe verlangen. Und wenn die Politik die Banken und Kreditgenossenschaften der Gemeinden stärker unterstützen würde, könnten mehr und vielfältigere lokale Unternehmen florieren. In den Vereinigten Staaten zum Beispiel halten kleine, lokale Finanzinstitute nur etwa elf Prozent der Bankaktiva, aber sie sind landesweit für mehr als ein Drittel der Kreditvergabe an kleine Unternehmen verantwortlich.[3]

Indikatoren für wirtschaftliche Gesundheit

Entscheidungsträger verweisen oft auf steigende BIP-Werte als Beweis dafür, dass ihre Politik funktioniert. Dabei übersehen sie, dass das BIP als Maßstab für das Wohlergehen eines Landes leider irreführend ist. Das BIP ist einfach ein Bruttomaß für die Marktaktivität, für das Geld, das den Besitzer wechselt. Es unterscheidet nicht zwischen dem Wünschenswerten und dem Unerwünschten, zwischen Kosten und Gewinnen. Erhöhte Ausgaben für Krebs, Kriminalität, Autounfälle und Ölverschmutzungen führen alle zu einem steigenden BIP, aber jeder vernünftige Mensch würde diese als Symptome für gesellschaftliche Krankheiten und nicht für Wohlstand ansehen.

Ein steigendes BIP mag eine Handvoll Milliardäre hervorbringen, aber in den meisten Ländern sinkt der Lebensstandard der großen Mehrheit – einschließlich der Mittelschicht – stetig. Wie ich bereits erwähnt habe, werden sogar die Regierungen ärmer, während ihre nationalen BIPs wachsen.

Darüber hinaus berücksichtigt das BIP nur die Aktivitäten, die monetäre Transaktionen beinhalten, und lässt damit die Funktionen der Familie, der Gemeinschaft und der Umwelt außer acht. So wird das BIP erhöht, wenn man seine Kinder in eine Kindertagesstätte schickt, während die Betreuung zu Hause durch Familienmitglieder nicht berücksichtigt wird. Ein Wald, der abgeholzt und zu Zellstoff verarbeitet wird, trägt zum BIP bei, ein wachsender Wald, der für die Gesundheit der Biosphäre von entscheidender Bedeutung ist, jedoch nicht.

In den Ländern des Südens führt eine Politik, die sich auf die Steigerung des BIP konzentriert, systematisch zum Zusammenbruch einer autarken Wirtschaft, die die Bedürfnisse der Menschen mit wenig Bargeldeinsatz deckt. Durch den Prozess der »Entwicklung« wird somit eine gesunde Selbständigkeit durch echte Armut innerhalb der globalen Wirtschaft ersetzt.

Eine Vielzahl von Alternativen zum BIP wird entwickelt und angewandt. Der Genuine Progress Indicator (GPI) kombiniert »kritische wirtschaftliche, ökologische und soziale Faktoren in einem einzigen Rahmen, um ein genaueres Bild der Fortschritte – und der Rückschläge – zu vermitteln, die wir gemacht haben«.[4] Er wurde bereits für mehr als 20 Länder und 20 US-Bundesstaaten berechnet. [5] Im Jahr 2012 hat Vermont die jährliche Berechnung des GPI für den Staat vorgeschrieben.[6]

Viele Menschen haben sich auch vom Beispiel Bhutans inspirieren lassen, dessen damaliger König 1972 das Konzept des Bruttonationalglücks (GNH) als Alternative zum BIP formulierte. Im Jahr 2004 trug Bhutan dazu bei, eine internationale Bewegung zur Erforschung und Förderung des Bruttonationalglücksmodells ins Leben zu rufen. (Leider hat die derzeitige Regierung von Bhutan begonnen, sich vom GNH-Konzept zu distanzieren.[7])

Besteuerung

In fast allen Ländern werden kleine und mittlere Unternehmen durch Steuervorschriften systematisch diskriminiert. Die Produktion in kleinem Maßstab ist in der Regel arbeitsintensiv, und der Faktor

Arbeit wird durch Einkommenssteuern, Sozialabgaben, Lohnsummensteuern usw. stark belastet. Gleichzeitig werden die kapital- und energieintensiven Technologien, die von großen Unternehmen eingesetzt werden, steuerlich begünstigt (beschleunigte Abschreibung, Investitionszulagen, Steuergutschriften usw.). Die Umkehrung dieser Verzerrung im Steuersystem würde der lokalen Wirtschaft helfen und mehr Arbeitsplätze schaffen, indem Menschen statt Maschinen begünstigt werden.

Ebenso würden Steuern auf die in der Produktion verwendete Energie Investitionen in Roboter und andere energieintensive Technologien erschweren und gleichzeitig dazu beitragen, einen Teil der sozialen und ökologischen Kosten der Hochtechnologie zu internalisieren und die Kosten der menschlichen Arbeit an die der Maschinen anzugleichen. Insbesondere die Besteuerung fossiler Brennstoffe würde zu einer Verringerung des Verkehrsaufkommens, zu einer Zunahme der regionalen Produktion für den lokalen Verbrauch und zu einer gesunden Diversifizierung der Wirtschaft führen.

Dezentralisierte erneuerbare Energien

Weltweit sind die direkten Subventionen für den Verbrauch fossiler Brennstoffe etwa doppelt so hoch wie die für die Erzeugung erneuerbarer Energien.[8] Eine Umkehrung dieses Ungleichgewichts würde zu weniger Umweltverschmutzung, mehr Arbeitsplätzen und langfristigen Kosteneinsparungen führen. Eine Studie hat beispielsweise ergeben, dass die Umstellung des Staates New York auf erneuerbare Energien zu einem Rückgang von etwa 4.000 umweltbedingten Todesfällen pro Jahr führen würde. Der Staat würde etwa 33 Milliarden Dollar einsparen und gleichzeitig dauerhafte Arbeitsplätze im Bereich Herstellung, Installation und Wartung schaffen.[9]

Für alle Energieformen, einschließlich der erneuerbaren Energien, sind dezentrale Kraftwerke am besten. Dadurch, dass die Energiequellen in der Nähe des Endverbrauchers angesiedelt sind, wird der Bedarf an weitläufigen Übertragungsnetzen verringert, die die

Effizienz mindern, Ressourcen verbrauchen und Land verschlingen. Dezentrale Energiequellen tragen auch dazu bei, dass kein Geld aus der lokalen Wirtschaft abfließt, und sorgen damit für eine stärkere Dezentralisierung der politischen Macht.

Im Globalen Süden, wo ein Großteil der Bevölkerung immer noch auf dem Land lebt, sind große Energieanlagen – von Kohle- und Atomkraftwerken bis hin zu riesigen Staudämmen – auf die Bedürfnisse der städtischen Gebiete und die exportorientierte Produktion ausgerichtet und fördern damit sowohl die Urbanisierung als auch die Globalisierung. Die Förderung dezentraler Infrastrukturen für erneuerbare Energien würde stattdessen Dörfer, kleinere Städte und die ländliche Wirtschaft im allgemeinen stärken und so dazu beitragen, die ungesunde Verstädterung zu stoppen.

Lokale und nationale Regierungen auf der ganzen Welt verabschieden neue Gesetze, die dazu beitragen, den Ausbau dezentraler erneuerbarer Energien voranzutreiben. Dazu gehören Steueranreize, Subventionen, Finanzierungshilfen wie Einspeisetarife und Renewable Portfolio Standards (Richtlinien, die bestimmte Ziele für erneuerbare Energien vorschreiben). Das deutsche Erneuerbare-Energien-Gesetz und das Einspeisetarifprogramm sind herausragende politische Beispiele. In Kanada enthielt Ontarios Green Energy Act von 2009 einen Einspeisetarif mit einer mutigen »Buy Local«-Bestimmung, die Anreize für Projekte im Bereich erneuerbare Energien bot, bei denen lokale Arbeitskräfte und Produktionsmittel eingesetzt wurden. (Leider wurde Ontarios Anforderung an den lokalen Anteil im Jahr 2013 aufgegeben, nachdem entschieden wurde, dass sie gegen die WTO-Vorschriften verstößt.)

In den USA haben bundesstaatliche Standards für erneuerbare Energien (Renewable Portfolio Standards) zu einem raschen Ausbau der Solar- und Windenergie geführt und könnten ihre Wirkung noch verstärken, indem sie die Länder verpflichten, einen bestimmten Prozentsatz ihres Stroms aus dezentralen und lokal kontrollierten erneuerbaren Energiequellen zu beziehen. Mehrere US-Bundesstaaten haben bereits Maßnahmen zur Förderung von Solarenergieprojekten in Nachbarschaftsgröße ergriffen, wie z.B. der Solar Gardens Act in Colorado und der Solar Energy Jobs Act in Minnesota.

Lebensmittel und Landwirtschaft

Da Lebensmittel etwas sind, das jeder Mensch auf der Erde täglich braucht, können schon kleine Veränderungen in der Art und Weise, wie sie produziert, transportiert und vermarktet werden, dramatische Auswirkungen haben. Direkte Agrarsubventionen begünstigen in den meisten Ländern in hohem Maße die industrielle Großagrarwirtschaft. Auch die Finanzierung der Agrarforschung ist stark zugunsten der Biotechnologie und der chemie- und energieintensiven Monokulturen verzerrt. Einer Schätzung zufolge werden jedes Jahr weltweit 49 Milliarden Dollar für die Lebensmittel- und Agrarforschung ausgegeben, wobei weniger als ein Prozent für »Wissen, Techniken und Instrumente« aufgewendet wird, »die spezifisch für ökologische Standards sind und diesen entsprechen«.[10]

Eine Umschichtung dieser Ausgaben zugunsten einer kleineren, diversifizierten Landwirtschaft würde zur Wiederbelebung der ländlichen Wirtschaft in Nord und Süd beitragen und gleichzeitig die biologische Vielfalt ebenso fördern wie gesündere Böden, Ernährungssicherheit, eine ausgewogene und abwechslungsreiche Ernährung sowie frischere Lebensmittel.

In den Ländern des Südens haben Kolonialismus, Entwicklung und Globalisierung dazu geführt, dass die besten Agrarflächen für den Anbau von Produkten für die Märkte des Nordens genutzt werden. Eine Verlagerung des Schwerpunkts auf eine diversifizierte, energiesparende Produktion für den lokalen Verbrauch würde nicht nur die wirtschaftliche Stabilität verbessern, sondern auch die Kluft zwischen Arm und Reich verringern und gleichzeitig einen Großteil des Hungers beseitigen, der heute in den »Entwicklungsländern« so endemisch ist.

Nachdem die Politik jahrzehntelang globale Lebensmittel bevorzugt hat, erhalten lokale Lebensmittel nun eine gewisse regulatorische

Unterstützung. Im Jahr 2013 verabschiedete die Regierung von Ontario, Kanada, ein Gesetz über lokale Lebensmittel, das den Zugang zu lokalen Lebensmitteln erleichtern, die Kenntnisse über lokale Lebensmittel verbessern und Steuergutschriften für Landwirte gewähren soll, die einen Teil ihrer Erzeugnisse nahegelegenen Lebensmittelbanken spenden.[11] In den USA bietet das Good Food Purchasing Program einen Rahmen für Kommunen, um eine Beschaffungspolitik für Lebensmittel zu entwickeln, die gerechte Lebensmittelsysteme auf der Grundlage von lokaler Beschaffung, Ernährung, ökologischer Nachhaltigkeit, Arbeitnehmerrechten und Tierschutz unterstützt.[12] Das Programm wurde vom Schulsystem in San Francisco, von den Städten Los Angeles und Boston sowie von Cook County, Illinois, übernommen.[13] Der radikalste Schritt wurde in Vanuatu, einem Inselstaat im Südpazifik, unternommen, wo die Provinz Torba alle Importe von ausländischem Junkfood zugunsten einer ausschließlich lokalen und biologischen Ernährung verboten hat.[14]

Gesundheits- und Sicherheitsvorschriften

Vorschriften zur Lösung von Problemen, die durch die Großproduktion verursacht werden, führen oft zu ungerechten Belastungen für Kleinbetriebe. Hähnchenmastbetriebe in Legebatteriebauweise zum Beispiel benötigen eindeutig umfangreiche Umwelt- und Gesundheitsvorschriften: Die Millionen genetisch identischer, eng zusammengepferchter Tiere sind sehr krankheitsanfällig, die Tonnen konzentrierter Abwässer müssen sicher entsorgt werden, und der Ferntransport von verarbeitetem Geflügel birgt das Risiko des Verderbs. Ein Kleinerzeuger – etwa ein Landwirt mit einem Dutzend Freilandhühnern – unterliegt jedoch im Wesentlichen denselben Vorschriften, was die Kosten oft so in die Höhe treibt, dass es unmöglich ist, im Geschäft zu bleiben. Diese Kosten können von Großproduzenten leichter aufgefangen werden, da sie die Kosten für die Einhaltung der Vorschriften auf ein weitaus größeres Volumen verteilen können.

Solche diskriminierenden Vorschriften sind weit verbreitet: Sie dezimieren bäuerliche Käsehersteller in Europa, lokale Apfelweinproduzenten in den USA und kleine Lebensmittelunternehmen in vielen anderen Ländern.

In den USA haben die meisten Bundesstaaten »Cottage-Food-Gesetze« erlassen, die die Beschränkungen für die Herstellung von Marmeladen, Essiggurken und anderen konservierten Lebensmitteln in kleinem Maßstab lockern, so dass sie vor Ort verarbeitet und verkauft werden können, ohne dass teure Großküchen erforderlich sind.[15] 2017 verabschiedete Maine ein Gesetz, das es den Gemeinden erlaubt, ihre lokalen Lebensmittelsysteme selbst zu regulieren – was zuvor aufgrund von Bundes- und Landesvorschriften unmöglich war. Innerhalb eines Jahres haben mehr als 40 Städte Verordnungen zur »Lebensmittelsouveränität« erlassen, die den Bürgern das Recht einräumen, »lokale Lebensmittel ihrer Wahl zu produzieren, zu verarbeiten, zu verkaufen, zu kaufen und zu konsumieren«, wodurch sich unzählige Geschäftsmöglichkeiten für Kleinbauern und Erzeuger eröffnen.[16]

Vorschriften zur Flächennutzung

Lokale und regionale Flächennutzungsvorschriften könnten geändert werden, um wilde Gebiete, Freiflächen und landwirtschaftliche Flächen vor der Entwicklung zu bewahren. Politische und finanzielle Unterstützung könnte den verschiedenen Formen von Land-Trusts gewährt werden, die für diesen Zweck eingerichtet wurden. In einigen Fällen haben Kommunalverwaltungen mit öffentlichen Geldern die Entwicklungsrechte für landwirtschaftliche Nutzflächen erworben und so das Land vor der Zersiedelung geschützt und gleichzeitig den finanziellen Druck auf die Landwirte verringert.

In städtischen Gebieten sind Wohn-, Geschäfts- und Produktionsgebiete in der Regel durch Bebauungsvorschriften voneinander getrennt – eine Einschränkung, die durch die Erfordernisse und Gefahren der Großproduktion und -vermarktung bedingt ist. Diese Vorschriften könnten geändert werden, um eine Integration von Wohnungen, kleinen Geschäften und Kleinproduktion zu ermöglichen. Flächennutzungsvorschriften, die darauf abzielen, eine hohe Bebauungsdichte zu begrenzen, führen häufig dazu, dass umweltverträgliche Wohnformen wie Wohngemeinschaften und Ökodörfer verboten werden; ein Überdenken dieser Beschränkungen könnte gemeinschaftliche Wohnformen erleichtern.

Ausgaben für Infrastruktur

Mit staatlichen Mitteln gebaute Hochgeschwindigkeitsautobahnen subventionieren indirekt die Superstores, Hypermärkte und Einkaufszentren von Konzernen. Würde man einen Teil dieses Geldes stattdessen für den Bau oder die Verbesserung von öffentlichen Märkten ausgeben – wie sie früher in praktisch jeder europäischen Stadt und jedem Dorf zu finden waren –, könnten lokale Händler und Handwerker mit begrenztem Kapital ihre Waren verkaufen. Dies würde die Stadtzentren beleben und gleichzeitig den Autoverkehr, den Verbrauch fossiler Brennstoffe und die Umweltverschmutzung verringern.

Die Schaffung und Verbesserung von Räumen für öffentliche Versammlungen – von Rathäusern bis hin zu Dorfplätzen – würde den persönlichen Austausch zwischen den Entscheidungsträgern und der Öffentlichkeit fördern und damit sowohl zur Belebung der Gemeinden als auch zur Stärkung der partizipativen Demokratie beitragen.

Globale Medien

Fernsehen, Internet und andere Massenmedien haben massive Subventionen in Form von Forschung und Entwicklung, Aufbau von Infrastruktur, Ausbildung und anderer direkter und indirekter Unterstützung erhalten. In den letzten Jahren wurden viele nationale Rundfunkanstalten von globalen Medienimperien übernommen. In den USA beispielsweise wurden mit dem Telekommunikationsgesetz von 1996 Anti-Monopol-Bestimmungen abgeschafft und der Mediensektor dereguliert, so dass große Unternehmen mehrere Medienunternehmen, einschließlich Fernsehen, Radio und Internet-Sites, erwerben konnten. Solche Gesetze müssen geändert werden, um eine Vielfalt an Ausdrucksformen und Eigentumsverhältnissen zu fördern. Darüber hinaus sollten Gemeinden und Nationen das Recht haben, monokulturelle, gewalttätige und kommerzielle Botschaften und Bilder zu unterbinden, die ihre Kinder bombardieren.

Die Unterstützung von Einrichtungen für regionale Unterhaltung – von Gemeinschaftsradios bis hin zu Live-Musik und Theater – wäre eine gesunde Alternative zu globalisierten Medien. Je mehr Menschen sich an der Gestaltung von Unterhaltungsangeboten wie Tanzen, Singen und Festen beteiligen können, desto mehr werden die Gemeinschaftsbande gestärkt. Kinder, die mit partizipatorischer Unterhaltung aufwachsen, anstatt passiv an einem Fernsehbildschirm oder einem drahtlosen Gerät zu kleben, haben ein stärkeres Gefühl der Zugehörigkeit zu einem Ort und ihrer lokalen Kultur.

Bildung

Die Schulbildung orientiert sich immer mehr an den Bedürfnissen der Konzerne, die als künftige Arbeitgeber der Kinder von heute angesehen werden. In Nord und Süd sind die Lehrpläne immer stärker standardisiert und technologieorientiert. In weiten Teilen der Entwicklungsländer basiert die formale Bildung nach wie vor auf einem kolonialen Modell: Auswendiglernen in der Sprache der Kolonialmacht, kulturelle und historische Informationen aus dem Ausland und Ausbildung in Fähigkeiten, die für die Exportwirtschaft und nicht für die lokale oder regionale Wirtschaft relevant sind. In den meisten Ländern blendet diese Form der Bildung Informationen über die weit verbreiteten sozialen und wirtschaftlichen Probleme im Norden aus und lässt idealisierte Mythen über »Entwicklung« und die urbanisierte Konsumkultur unberührt.

Die Gesellschaften in Nord und Süd würden enorm von einer Verlagerung von auf Konzerne zugeschnittenen Lehrplänen zu vielfältigen Formen des ortsbezogenen Lernens profitieren. Anstatt Spezialisierung für eine wettbewerbsfähige, konzerngelenkte Wirtschaft zu fördern, würde Bildung auf unterschiedliche Umgebungen, Kulturen und lokale Wirtschaften zugeschnitten sein. Eine Ausbildung in regionaler Landwirtschaft, Architektur und angemessener Technologie würde die Dezentralisierung der Produktion für den Grundbedarf weiter vorantreiben. Dies bedeutet nicht, dass der Informationsfluss aus anderen Kulturen eingeschränkt werden würde; kultureller Austausch wäre ein wichtiger Bestandteil des Lehrplans.

Gesundheitswesen

Derzeit wird bei den Investitionen in das Gesundheitswesen immer mehr Technologie für große, zentralisierte Krankenhäuser für die städtische Bevölkerung eingesetzt. Das Ergebnis ist, dass Ärzte und Krankenschwestern mehr Patienten in kürzerer Zeit versorgen müssen, was unweigerlich zu einer Verschlechterung der Qualität der Versorgung jedes einzelnen Patienten führt. Würde man das gleiche Geld stattdessen für eine größere Anzahl kleinerer lokaler Kliniken ausgeben, die weniger auf fortschrittliche Technologie und mehr auf Ärzte und Krankenschwestern, Gesundheitserziehung und ganzheitliche, präventive Medizin setzen, würde die Gesundheitsversorgung mehr Menschen zugutekommen und gleichzeitig die lokale Wirtschaft angekurbeln.

Die Nachfrage nach weniger invasiver, integrativer Medizin nimmt zu, aber aufgrund der hohen Subventionen für die Konzernmedizin ist diese für die meisten Menschen zu teuer. Eine Umschichtung der Subventionen zugunsten natürlicherer Heilmethoden würde deren Verbreitung fördern.

In den Ländern des Südens würden die lokalen Volkswirtschaften und Gemeinschaften stark davon profitieren, wenn die gesetzliche und finanzielle Unterstützung für die Gesundheitsversorgung auf lokale und einheimische Heilmethoden verlagert werden würde, die für die Mehrheit der Bevölkerung erschwinglich sind. Die moderne Medizin ist eine wichtige Ergänzung der Gesundheitsversorgung in den Entwicklungsländern. Die Heiltraditionen, die derzeit den größten Teil der präventiven Versorgung leisten, brauchen jedoch Unterstützung, um zu überleben.

Die Initiative ergreifen: Fair Tax Town

So wie die Dinge heute stehen, ist das Spielfeld stark zugunsten der globalen Giganten verschoben und nicht zugunsten der kleineren Unternehmen, die die Grundlage für eine lokale, ortsbezogene Wirtschaft bilden würden. Wie wir im nächsten Kapitel sehen werden, sprießen trotz dieser Benachteiligung überall auf der Welt an der Basis lokale Initiativen. Aber eine Änderung der Politik dahingehend, dass gleiche Wettbewerbsbedingungen geschaffen werden, würde gewährleisten, dass diese Bemühungen florieren und mehr werden.

Eine Stadt in Wales setzt sich für einen solchen Politikwechsel ein, indem sie die Doppelmoral des Steuersystems aufdeckt.[17] Sie tun dies, indem sie das gleiche Spiel spielen wie die Konzernriesen. Alles begann damit, dass Steven Lewis, Besitzer eines kleinen Cafés in Crickhowell, Wales, feststellte, dass sein Unternehmen im Jahr 2014 satte 31.000 Pfund an Körperschaftssteuern zahlte, während Facebook nur 4.327 Pfund Steuern auf seine 389 Millionen Pfund Umsatz zahlte. Warum sollte Facebook nur 1/7 des Betrags zahlen, den mein kleines Unternehmen zu entrichten hat, fragte sich Mr. Lewis.

Es dauerte nicht lange, bis er entdeckte, dass multinationale Konzerne überall auf der Welt Schlupflöcher nutzen, um Steuern zu vermeiden, unterstützt von Handelsverträgen, die es ermöglichen, Geschäfte in dem Land mit dem niedrigsten Steuersatz anzusiedeln und die Einnahmen dort zu verbuchen.

Das verschafft multinationalen Konzernen natürlich einen enormen Vorteil gegenüber ihren kleinen, lokal ansässigen Konkurrenten.

Bedroht von Unternehmen wie Starbucks und Amazon, beschlossen Steven Lewis und die Kleinunternehmer von Crickhowell, die Dinge selbst in die Hand zu nehmen. Zunächst versuchten sie, ihre Stadt und ihre Unternehmen in Offshore-Steuerparadiesen anzusiedeln – eine Taktik, die von multinationalen Konzernen bevorzugt wird. Die britischen Steuerbehörden teilten ihnen mit, dass weder Crickhowell noch seine kleinen Unternehmen dafür in Frage kämen.

Unbeeindruckt davon gründeten die Unternehmer aus Crickhowell ein Unternehmen, um die Vorteile des »Dutch Sandwich« zu nutzen (ein Schlupfloch, das entsteht, wenn ein Unternehmen zwischen dem Vereinigten Königreich und einem Steuerparadies liegt), und lernten, wie sie die Vorschriften zum geistigen Eigentum nutzen können, um die von ihnen angegebenen Gewinne und damit die von ihnen zu zahlenden Steuern zu verringern.

Ihr Unternehmen heißt Fair Tax Town, und andere Städte in ganz Großbritannien haben sich inzwischen angeschlossen. Ihr Ziel ist es nicht, Steuern zu vermeiden, sondern Fair Tax Town in eine bessere Verhandlungsposition gegenüber den britischen Steuerbehörden zu bringen: »Das Problem liegt nicht in der Besteuerung«, sagen sie, »sondern darin, dass es eine Regel für die kleinen Leute gibt und eine andere für die großen multinationalen Konzerne.«

Dies ist zwar keine dauerhafte oder systemische Lösung für die Probleme der wirtschaftlichen Globalisierung und Deregulierung, aber es ist ein kluger Weg, um aufzuzeigen, wie das System zum Nachteil lokaler Unternehmen manipuliert wird. Eine der Strategien von Fair Tax Town besteht darin, die Steuervermeider unter den Konzernen – und die Regierungen, die sie gewähren lassen – durch Kampagnen in den Mainstream-Medien und in Social Media zu beschämen. Wenn süße Großmütter vor ihren Familienbäckereien stehen und sagen, dass sie das Steuersystem betrügen werden, bis Facebook aufhört, dasselbe zu tun, werden die Leute vielleicht zuhören.

6

INSPIRATION AUS DER GRASWURZEL-BEWEGUNG

Heute sind in allen Teilen der Welt bereits Tausende von lokalen, von unten nach oben ausgerichteten Initiativen im Gange. Im Gegensatz zu Maßnahmen, die den globalen Wirtschaftsmoloch aufhalten sollen, erfordern diese kleinen Schritte ein langsames Tempo und ein tiefes Verständnis der lokalen Gegebenheiten und werden am besten von den Menschen vor Ort selbst entworfen und umgesetzt. Wenn solche Initiativen durch die im vorigen Kapitel erörterten politischen Veränderungen unterstützt werden, werden diese im Laufe der Zeit zu einer gesünderen Umwelt, einer Rückkehr zur kulturellen und biologischen Vielfalt und zu mehr Wohlstand weltweit führen.

Das Spektrum der Möglichkeiten für lokale Basisinitiativen ist so vielfältig wie die Orte, an denen sie stattfinden. Die folgende Übersicht zeigt Beispiele für Maßnahmen, die heute ergriffen werden, und ist keineswegs erschöpfend.

Lokale Finanzen

Gemeinschaftsbanken und ***Kreditgenossenschaften*** ermöglichen es den Menschen, in ihre Nachbarn und ihre Gemeinschaft zu investieren, anstatt in weit entfernte Unternehmen. Sie ermöglichen es auch kleinen Unternehmen, günstige Start-up-Darlehen zu erhalten, wie sie Banken normalerweise nur großen Unternehmen anbieten. Als die Occupy-Bewegung die Aufmerksamkeit erneut auf die unlauteren – ja sogar illegalen – Praktiken der Großbanken lenkte, starteten US-Organisationen eine Kampagne, die die Menschen aufforderte, ihr Geld bei kleineren Gemeinschaftseinrichtungen anzulegen. In weniger als zwei Monaten kündigten mehr als 440.000 Menschen ihre Konten bei den Wall-Street-Banken, wodurch diesen Instituten fast fünf Milliarden Dollar entzogen wurden.[1]

In Fortaleza, Brasilien, gründeten die Bewohner des verarmten Stadtviertels Palmeira ihre eigene Gemeinschaftsbank, die von den Einwohnern für den lokalen Bedarf verwaltet wird. Vor der Gründung der Bank wurden nur 20 Prozent des Bedarfs der Bewohner im Stadtteil Palmeira gedeckt. 15 Jahre später stammten 93 Prozent aus der Gemeinde – ein durchschlagender Erfolg bei der Förderung der lokalen Wirtschaft.[2]

Lokale Investitionen sind ebenfalls auf dem Vormarsch. Von 2010 bis 2018 haben Slow Money-Gruppen in den USA, Kanada, Australien und Frankreich 66 Millionen Dollar in kleine landwirtschaftliche Betriebe und Lebensmittelunternehmen investiert.[3] Diese Gruppen erkunden weitere Vorhaben, um Finanzinstrumente zu lokalisieren, die bisher von Großbanken verwaltet wurden, darunter lokale Börsen, Mikro- und genossenschaftliche Investmentfonds und lokal investierende Rentenfonds.

Viele fortschrittliche Städte und Organisationen haben ***lokale Währungen*** eingeführt – eine Form von Geld, die nur von Gemeindemitgliedern und teilnehmenden lokalen Unternehmen anerkannt wird –, um zu verhindern, dass dieses Geld aus der lokalen Wirtschaft »abfließt«. Weltweit existieren mehr als 100 lokale Währungsinitiativen, von Sand Dollars in Kalifornien über Bangla Pesa in Kenia bis hin zu Occitan in Frankreich.

Zeitbanken und lokale Tauschsysteme (LETS) stellen die Vorstellung in Frage, dass Geld das einzige Instrument sei, das einen sinnvollen Austausch von Waren und Dienstleistungen ermögliche. Ob ein Stück Papier an der Wand eines lokalen Cafés oder eine Online-Datenbank, diese Systeme bieten ein Medium, in dem die Menschen die Dienstleistungen oder Waren, die sie anbieten, und den Betrag, den sie im Gegenzug dafür erwarten, auflisten können. Die Waren oder Dienstleistungen, die sie anderen Mitgliedern anbieten, werden ihren Konten gutgeschrieben, und sie können diese Gutschriften verwenden, um Waren oder Dienstleistungen von jedem anderen Mitglied des lokalen Systems zu kaufen.

»Kein Geld? Kein Problem!« lautet das Motto der Cape Town Talent Exchange (CTTE) mit Sitz in Kapstadt, Südafrika. Mehr als 6.000 CTTE-Mitglieder tauschen Waren und Dienstleistungen, indem sie »Talente« und nicht Geld tauschen. Ziel ist es, ein Gleichgewicht zwischen erbrachten und erhaltenen Leistungen zu schaffen, wobei transparente Online-Aufzeichnungen die Menschen dazu ermutigen, gleichmäßig zu geben und zu nehmen. Der monatliche währungsfreie Claremont Talent Market und das jährliche Learning Clan Festival verankern und beleben die Gemeinschaft. Das CTTE-Modell hat sich inzwischen in 99 Ländern verbreitet.[4]

Systeme wie diese ermöglichen es auch Menschen mit wenig oder gar keinem »echten« Geld, vom Kreditverkehr innerhalb der lokalen Wirtschaft zu profitieren und ihre Verbindungen zur größeren Gemeinschaft zu stärken. Im Laufe der Jahre haben wir jedoch festgestellt, dass lokale Währungen, Zeitbanken und LETS-Initiativen am besten in Verbindung mit lokalen Lebensmittelprojekten funktionieren – allein sind sie schwer aufrechtzuerhalten.[5]

Lokale Unternehmen

Kampagnen zum »Kauf vor Ort« (»Buy local«) helfen lokalen Unternehmen zu überleben, selbst wenn sie gegen stark subventionierte Konkurrenten von Konzernen antreten müssen. Diese Kampagnen tragen nicht nur dazu bei, dass kein Geld aus der lokalen Wirtschaft abfließt, sondern auch dazu, die Menschen über die versteckten Kosten von künstlich verbilligten, im Ausland hergestellten Waren aufzuklären – Kosten für die Umwelt und die Gemeinschaft. Es sind Graswurzel-Organisationen entstanden, die sich den riesigen Vermarktungsketten der Konzerne entgegenstellen, insbesondere in ländlichen Gebieten und Kleinstädten. Die rasche Expansion von McDonald's und Walmart hat in Ländern auf der ganzen Welt den Widerstand der Bürger hervorgerufen.[6] Diese Bemühungen sind zwar oft erfolglos, aber es gibt auch viele Erfolge, unter anderem in der Sierra Norte in Mexiko. (Siehe »Widerstand und Erneuerung: Tosepan« weiter unten)

Lokale Unternehmensallianzen ermöglichen es kleinen und mittleren Unternehmen, sich zu vernetzen, sich gegenseitig zu unterstützen und die Vitalität der lokalen Wirtschaft zu stärken. In Nordamerika umfasst BALLE (Business Alliance for Local Living Economies) mehr als 80 Netzwerke, die rund 30.000 unabhängige Unternehmen vertreten. Sie veranstalten Konferenzen, bieten Anleitungen für die Gründung und Führung eines erfolgreichen Kleinunternehmens und geben Anregungen.

Es entstehen auch ***Netzwerke von Kundenkarten*** für lokale Unternehmen. Diese ähneln den Treuekarten, die häufig von großen Geschäften angeboten werden, können aber nur für Rabatte bei lokalen Einkäufen eingelöst werden. In Portland, Oregon, umfasst das Supportland-Netzwerk Dutzende lokaler Unternehmen und prüft die Ausweitung seines Modells auf andere Städte und Staaten.

Lokale Energie

Viele Städte auf der ganzen Welt haben in ***gemeindeeigene dezentrale*** Energieanlagen investiert. In den USA werden »Solargärten« immer beliebter, in denen sich lokale Haushalte und Unternehmen für einen Anteil an der Elektrizität aus einer externen Solaranlage anmelden.[7] Viele Organisationen wie Cooperative Energy Futures in Minnesota und Evergreen Cooperative in Ohio konzentrieren sich darauf, lokale Beschäftigungsmöglichkeiten zu schaffen und Mietern und einkommensschwachen Haushalten die Möglichkeit zu geben, von den Vorteilen der genossenschaftlich betriebenen sauberen Energie zu profitieren.[8]

In vielen Teilen der Welt bemühen sich Bürgerinnen und Bürger darum, ihre Kommunalverwaltungen zu mobilisieren, um durch »Rekommunalisierung« das Eigentum und die Kontrolle über ihre Stromnetze von nicht ortsansässigen, investorengeführten Versorgungsunternehmen (IOUs) zurückzuerlangen. Im Jahr 2013 stimmten die Einwohner von Hamburg, Deutschland, dafür, ihr Stromnetz vom schwedischen Energieriesen Vattenfall zurückzufordern, was der Stadt einen ambitionierteren Übergang zu lokalen erneuerbaren Energien ermöglichte.[9] In einer von der Jugendgruppe New Era Colorado angeführten Bewegung stimmten die Bürger von Boulder, Colorado, 2011 dafür, dass ihre Stadtverwaltung die Befugnis erhält, ihre Energiesysteme vom kohlebetriebenen Energieriesen Xcel Energy zurückzufordern.[10] Acht Jahre später erwirbt die Stadt nun die Anteile von Xcel und richtet eine eigene kommunale Stromversorgung ein.[11]

In anderen Ländern wird eine Politik der »**Community Choice Aggregation**« verfolgt, die den Städten und Bezirken ermöglicht, neben den IOUs neue lokale Stromversorger zu gründen. Im Jahr 2018 arbeiten 20 Landkreise und Städte in Kalifornien mit Community-Choice-Modellen und versorgen mehr als 2,5 Millionen Menschen mit erneuerbarer Energie zu niedrigeren Kosten als die IOUs, wobei sie die bereits vorhandene Strominfrastruktur nutzen.[12] Dieser Sektor wächst landesweit schnell und kehrt den Privatisierungstrend um, der in den 1980er-Jahren begann.

Mikronetze – zusammengeschaltete Netze dezentraler Energieerzeuger und -verbraucher – werden ebenfalls immer häufiger, vor allem in den Entwicklungsländern. ME SOLshare in Bangladesch beispielsweise baut Peer-to-Peer-Solarenergienetze auf, die es den Besitzern von Solaranlagen ermöglichen, sich mit nahegelegenen Haushalten und Unternehmen zu verbinden, um Strom zu tauschen. Viele solcher Microgrid-Systeme werden von Gemeinden gebaut, die noch keinen Zugang zu Elektrizität haben und es vorziehen, von Anfang an lokalisierte, widerstandsfähige, erneuerbare Systeme zu entwickeln, anstatt den üblichen Weg der zentralisierten

Energieentwicklung zu gehen. Andere, wie Brooklyn Microgrid in New York City, konzentrieren sich auf die Schaffung lokaler autarker Stromsysteme, auch wenn bereits Strom aus dem Hauptnetz verfügbar ist.

Nachdem im Herbst 2017 der Hurrikan »Maria« Puerto Rico heimgesucht hatte, waren Teile der Insel elf Monate lang ohne Strom. Es war eine noch nie dagewesene Katastrophe, aber auch eine einzigartige Gelegenheit für die Bewohner, nach der Vernachlässigung durch die US-Regierung die lokale Kontrolle zu übernehmen. Resilient Power Puerto Rico, das nach den Verwüstungen durch »Maria« gegründet wurde, brachte Energie in menschlichem Maßstab in die schwer getroffenen Teile der Insel, indem es Bausätze für Solarenergie verteilte und deren Installation anleitete. Ihr Ziel ist es, dass jedes Viertel seine eigene Energieversorgung erhält und die Abhängigkeit der Insel von der fossilen Energiewirtschaft beendet wird. Was ursprünglich als Notlösung infolge einer klimabedingten Katastrophe gedacht war, hat sich zu einem langfristigen Projekt entwickelt, das den Gemeinden die Kontrolle über ihre Energiezukunft geben soll.[13]

Die Vorteile dieser dezentralen Projekte gehen über die Nutzung umweltfreundlicher erneuerbarer Energiequellen hinaus. Da der Strom genau dort erzeugt wird, wo er benötigt wird, ist kein Ausbau der Übertragungsinfrastrukturen erforderlich. Die Bewohner haben eine bessere Kontrolle über ihre Energiekosten und sind nicht an weit entfernte Energieunternehmen gebunden. Und lokale Investoren können in Zeiten der Überschussproduktion finanzielle Erträge erzielen, was einen positiven Wert für die Menschen und den Planeten schafft.

Lokale Lebensmittel und Landwirtschaft

In den letzten zehn Jahren hat sich die lokale Lebensmittelbewegung zu einer der erfolgreichsten Graswurzel-Initiativen weltweit entwickelt. Programme für ***gemeinschaftsgetragene Landwirtschaft (Community Supported Agriculture,*** CSA), bei denen sich die Verbraucher direkt mit Landwirten in ihrer Nähe zusammentun und über das Jahr einen Teil der Ernte erhalten, haben dazu beigetragen, dass kleine, diversifizierte Betriebe in wachsender Zahl florieren. In den USA ist die Zahl der CSAs von nur zwei im Jahr 1986 auf mehr als 7.300 im Jahr 2015 gestiegen.[14] Sie bieten Kleinbauern einen stabilen und zuverlässigen Markt und Vorschüsse für die Ausgaben der Saison, während die Verbraucher Produkte erhalten, die frischer und gesünder sind als die aus dem Supermarkt. Viele Bauernhöfe bieten die Möglichkeit, bei der Ernte mitzuhelfen; einige bieten Vollwertaktien mit saisonalem Getreide, Gemüse, Obst, Proteinen und Kräutern an. Sie alle bringen die Verbraucher mit den Landwirten in Kontakt, die ihre Lebensmittel anbauen, und tragen zum Aufbau einer Gemeinschaft bei.

Bauernmärkte bieten ähnliche Vorteile. Die Zahl der Bauernmärkte in den USA stieg von 1.755 im Jahr 1994 auf über 8.600 im Jahr 2018,[15] und im Vereinigten Königreich stieg die Zahl zwischen 1996 und 2014 um 800.[16] Viele dieser Märkte sind riesige Gemeinschaftsveranstaltungen mit einem Gewirr von Ständen voller frischer Produkte, hausgemachter Waren und Kunsthandwerk, mit Live-Musik und dem Duft von frisch zubereiteten Speisen, der durch die Luft weht. Aber selbst wenn es nur ein einzelner Landwirt ist, der seinen Stand in einem Park in der Nachbarschaft aufbaut, sind Märkte ein großartiger Ort, um mit anderen in Kontakt zu treten, die dazu beitragen wollen, das Lebensmittelsystem in Richtung lokal zu verändern.

Ein damit zusammenhängender Trend ist die wachsende Nachfrage nach ***lokalen Bio-Lebensmitteln***, die exponentiell zugenommen hat: Die Bio-Anbaufläche in Europa hat sich beispielsweise zwischen 2004 und 2017 verdoppelt.[17] Auch wenn Großproduzenten und exportorientierte Vermarkter dieses wachsende Segment des Lebensmittelmarktes erschlossen haben, eignen sich ökologische Methoden am besten für eine kleine, diversifizierte Produktion für den lokalen Verbrauch. Die Four Root Farm in Connecticut beispielsweise baut auf nur fünf Hektar Land fast 200 Gemüsesorten und mehr als 300 Sorten Schnittblumen biologisch an.[18] Diese Vielfalt schützt vor

Schädlings- und Krankheitsbefall und bietet sowohl den Landwirten als auch den Kunden eine reichere und gesündere Erfahrung.

Permakultur – eine Zusammenziehung aus »permanenter Landwirtschaft« und »permanenter Kultur« – ist eine Methode zum Anbau von Lebensmitteln in vom Menschen gestalteten Ökosystemen, die die Vielfalt und Widerstandsfähigkeit natürlicher Ökosysteme nachahmen. Da sich die Permakultur auf die Gestaltung ganzer Systeme ausrichtet, bietet sie einen konzeptionellen Rahmen für die Gestaltung nicht nur von Lebensmittelsystemen, sondern von ganzen nachhaltigen Gesellschaften. Weltweit gibt es Tausende von großen und kleinen Permakulturprojekten. Eines der erfolgreichsten ist die Chikukwa-Permakultur-Initiative im Osten Simbabwes. Über einen Zeitraum von zwei Jahrzehnten hat das Projekt sechs Dörfer von einem Zustand chronischer Ernährungsunsicherheit und schwerwiegender Umweltzerstörung in einen Zustand der Nahrungsmittelsuffizienz, der Selbständigkeit der Gemeinschaft und der ökologischen Regeneration verwandelt – und das alles durch die bewusste Neugestaltung ihrer Lebensmittelproduktionssysteme unter Berücksichtigung der Permakultur-Grundsätze.

Farmland Trusts schützen Ackerland vor der Erschließung und ermöglichen es so Kleinbauern, auf dem Land zu bleiben, und halten das Ackerland für die nächste Generation erschwinglich. In den USA, wo zwischen 1992 und 2012 fast 31 Millionen Hektar landwirtschaftliche Nutzfläche der Bebauung zum Opfer fielen, setzen sich staatliche und nationale Farmland Trusts für den Schutz der verbliebenen Flächen und die nachhaltige Bewirtschaftung bestehender Farmen und Ranches ein.[19]

Sowohl im Globalen Norden als auch im Süden kehren viele ***junge Landwirte*** entgegen dem jahrzehntelangen Trend der Landflucht auf ihr Land zurück. Die meisten von ihnen sind an gesünderen Lebensmitteln und ökologisch verträglichen Produktionsmethoden interessiert. Da sie jedoch mit Bauträgern und großen Agrarunternehmen konkurrieren müssen, besteht eine ihrer größten Herausforderungen darin, erschwingliches Land zu finden. Der Agrarian Trust in den

USA hilft bei der Bewältigung dieses und anderer Probleme, indem er Informationen und Ressourcen, Land- und Jobangebote sowie Rechtsberatung für junge Menschen bereitstellt, die auf das Land zurückkehren. Der Trust besitzt auch Ackerland, das er an junge Biobauern verpachtet, womit er die Kosten für den Einstieg in die Agrarwirtschaft senkt.[20]

In den USA hat die National Young Farmers Coalition seit ihrer Gründung im Jahr 2010 mehr als 140.000 Mitglieder und Unterstützer gewonnen.[21] La Via Campesina, eine weltweite Koalition, die 200 Millionen Mitglieder in 81 Ländern vereint, hat eine aktive Jugendgruppe.[22] Auf ihrem Gründungstreffen im Jahr 2011 erklärte die Gruppe: »Da die Jugend auf der ganzen Welt systematisch vom Land verdrängt wurde, hat unser Lebensmittelsystem seine Integrität und Legitimität verloren, das Land verschmutzt, die Menschen vergiftet und uns unserer ländlichen Kultur beraubt. Wir, die jungen Bauern und Bäuerinnen von La Via Campesina, die auf unseren Höfen und in unseren Landschaften ökologische Alternativen aufbauen, leben im Widerstand gegen dieses System.«[23]

Gemeinschaftsmedien

Bürgermedien geben den Bürgern eine Stimme und informieren die Menschen über das Geschehen vor Ort. In einer Zeit, in der die Medien von Konzernen kontrolliert werden, können diese Medien sicherstellen, dass abweichende Meinungen weiterhin gehört werden. Sie sind auch ein wirksames Instrument, um die Bindungen innerhalb der Gemeinschaft zu stärken, die lokale Kultur zu erhalten und die Menschen zusammenzubringen, um lokale Probleme anzugehen.

Community-Radiosender gibt es in vielen Städten in Nord und Süd – von Haryana, Indien, bis Istanbul, Türkei, und von Berkeley, Kalifornien, bis Byron Bay, Australien. Diese Sender sind nicht auf die Werbung von Unternehmen angewiesen, sondern werden direkt von den Gemeinden unterstützt, denen sie dienen. Sie berichten über lokale Themen, die von den großen Medien vernachlässigt werden, informieren die Öffentlichkeit über anstehende Veranstaltungen und bieten die Möglichkeit, verschiedene lokale Meinungen zu hören. Obwohl die meisten Programme lokal produziert werden, bieten viele von ihnen auch die Möglichkeit, alternative, gemeinsam produzierte Programme zu senden, die international ausgestrahlt werden.

Der größte Teil des Fernsehens wurde von großen Unternehmen übernommen, aber an einigen wenigen Orten gibt es noch ***unabhängige Sender***. In den USA wird Link TV durch Zuschauerspenden finanziert und hat sich auf die Ausstrahlung anspruchsvoller Dokumentarfilme aus aller Welt spezialisiert. Während das Internet als ein Ort bekannt ist, an dem unterschiedliche Meinungen gehört werden können, drohen Angriffe auf die Netzneutralität den größten Akteuren einen unfairen Vorteil gegenüber kleineren Informationsanbietern zu verschaffen. Als Reaktion darauf haben sich viele Gruppen zusammengeschlossen, um einen freien und gleichberechtigten Zugang zum Internet zu gewährleisten.

In den USA und in vielen anderen Ländern sind die meisten Menschen von einer Handvoll konzerneigener Internetdienstleister wie Comcast, Charter Communications, AT&T und CenturyLink abhängig. In jüngster Zeit ist jedoch eine Bewegung für **gemeindeeigene Breitbanddienste** entstanden, um den Gemeinden mehr Kontrolle über ihre Internetdienste zu geben. Im Jahr 2018 haben mehr als 750 Gemeinden in den USA ihre eigenen Breitbandnetze aufgebaut, um den Zugang zu erschwinglicheren und zuverlässigen Internetdiensten zu gewährleisten und das Geld in der lokalen Wirtschaft zirkulieren zu lassen.[24]

Ortsbezogene Bildung

Es ist von entscheidender Bedeutung, das Konzept der Bildung – die Entwicklung der Fähigkeiten und des Charakters, um zu gedeihen und einen sinnvollen Beitrag zur Welt zu leisten –, von der Praxis der regulären Schulbildung zu entkoppeln. Ich habe in Ladakh gesehen, wie gesund es ist, wenn Kinder unterschiedlichen Alters zusammen spielen und lernen: Die Älteren helfen den Jüngeren, und die Jüngeren lernen von den Älteren und finden bei ihnen Vorbilder.

Wenn Kinder in Klassenzimmern nach Alter getrennt werden, geht diese natürliche Dimension der menschlichen Interaktion verloren, und die Zusammenarbeit weicht dem Wettbewerb. Sie zu zwingen, stundenlang still und leise in einem fensterlosen Raum zu sitzen, ist ebenfalls zutiefst unnatürlich. Wenn dann noch die sozialen Medien hinzukommen, ist das Ergebnis ein Rezept für Unzufriedenheit, geringes Selbstwertgefühl und aggressives Verhalten.

Glücklicherweise erkennen viele ***alternative Schulen***, die weit von den reglementierten Methoden und Lehrplänen der Regelschulen entfernt sind, das Bedürfnis der Kinder, frei zu spielen, die Natur zu erkunden, mit Menschen unterschiedlichen Alters zu interagieren und die Neugier zu fördern, die Kindern von Natur aus eigen ist. Zwei der am weitesten verbreiteten Modelle sind die Waldorfschulen und die Montessori-Schulen, deren Elemente allmählich in einige öffentliche Schulsysteme integriert werden. ***Homeschooling***, bei dem die Kinder von den Eltern oder Mitgliedern der Gemeinschaft unterrichtet werden, erfreut sich ebenfalls zunehmender Beliebtheit. Das gleiche gilt für den ***außerschulischen Unterricht***, bei dem Kinder ihrem angeborenen Wunsch folgen können, sich mit Themen zu beschäftigen, die sie interessieren.

Angesichts des wachsenden Bewusstseins für das, was als »Naturdefizit« bezeichnet wird, nutzen immer mehr Schulen wilde und landwirtschaftlich genutzte Orte als Lernumgebung. In ***Waldschulen*** *zum Beispiel verbringen die* Kinder den ganzen Tag im Freien und werden dabei zu Experten in der Bestimmung von Pflanzen und Pilzen. Sie lernen auch, den sanften Rhythmus ihrer natürlichen Umgebung zu beobachten, mit ihr zu interagieren und sich in sie zu integrieren: »Ich habe kein ADHS, wenn ich im Wald bin«, sagte ein 14-jähriger Waldschüler. Das Konzept wurde 1927 in Wisconsin entwickelt und hat sich seitdem in Skandinavien und im Vereinigten Königreich verbreitet, wo es sehr populär geworden ist. In Vermont gehört die

ROOTS-Schule[25] (*Reclaiming Our Origins through Traditional Skills*) zu einer wachsenden Zahl von Schulen, die Kurse für Jugendliche und Erwachsene zur Selbstversorgung in der Wildnis anbieten.

Im Globalen Süden erkennen immer mehr Menschen die Kultur einebnende Auswirkungen der Schulbildung westlicher Prägung. In Indien arbeitet Shikshantar – das People's Institute for Rethinking Education and Development – daran, Bildung so umzugestalten, dass sie die lokalen Traditionen respektiert und die Selbstständigkeit fördert.[26] Bei Shikshantar ist jeder zum Lernen und Lehren willkommen – von Kindern, die auf der Straße aufwachsen, über Akademiker bis hin zu Dorfältesten. Die Workshops, Studiengruppen und Aktivitäten des Instituts variieren von Tag zu Tag, aber das gemeinsame Essen, das gemeinsame Musizieren und Meditieren sind feste Bestandteile.

Shikshantar ist auch mit der von Hand erbauten und mit erneuerbaren Energien betriebenen Swaraj-Universität verbunden, die jungen Menschen aus ganz Indien die Möglichkeit bietet, eine zweijährige Lernreise anzutreten. Diese *koji* (»Suchende«) werden ermutigt, Ideen und Fertigkeiten zu entwickeln, die nichts mit kommerziellem »Erfolg« zu tun haben und die in der konventionellen Hochschulbildung in Indien nicht vorkommen.

Gesundheitswesen

In den letzten Jahren ist das Interesse an ***traditioneller und komplementärer Medizin*** – pflanzliche Heilmittel, Homöopathie, Körperarbeit, Entspannungstechniken und mehr – enorm gestiegen. Diese sanfteren Ansätze, bei denen der Schwerpunkt auf der Vorbeugung liegt, sind Teil einer Rückbesinnung auf eine menschlichere Gesundheitsfürsorge und wecken sogar das Interesse von Schulmedizinern. Natürlich ist es wichtig, die Notfallversorgung und die lebensrettenden Maßnahmen, für die die allopathische Medizin bekannt ist, weiterhin anzubieten. Aber ein lokales Gesundheitssystem, das den ganzen Menschen und seinen weiteren Lebenskontext in den Mittelpunkt stellt, ist ebenso wichtig. Der Direktor des Zentrums für nachhaltige Medizin in Vermont drückt es so aus: »Echte Medizin muss dem gesamten System zugutekommen – unseren Gemeinschaften, sowohl den Menschen als auch der Natur. Es gibt keinen Grund, die Prozesse der Heilung von uns selbst, der Umwelt und unseren Gemeinschaften zu trennen.«[27]

Pax Herbals in Nigeria leistet Pionierarbeit bei dieser Art von gemeinschaftsbasierter Gesundheitsversorgung für den ganzen Menschen, die sich auf biologisch angebaute pflanzliche Arzneimittel stützt. Das Herbarium-Projekt dokumentiert die einheimische Heilkunst und hat mehr als 5.000 Arten von Heilpflanzen in Nigeria gesammelt. Nun werden die Pflanzen wissenschaftlich erforscht, um die afrikanischen Heiltraditionen in ein evidenzbasiertes Medizinsystem zu integrieren. Mit seinem Krankenhaus, den Forschungslabors und den landwirtschaftlichen Betrieben hat das Zentrum Hunderte von Arbeits- und Praktikumsplätzen für Studenten in einem ländlichen Gebiet geschaffen. Dies hat die Abwanderung der einheimischen Jugend in die Städte verlangsamt und gleichzeitig die lokalen Ökosysteme und die Artenvielfalt erhalten – ein weiteres Beispiel für die Lokalisierung als Lösungsmultiplikator.

Aufbau einer Gemeinschaft

Überall in der industrialisierten Welt bauen Menschen Wohngemeinschaften als Alternative zu Isolation, Konkurrenzdenken und Umweltverschmutzung, die in modernen Gesellschaften allgegenwärtig sind. Viele dieser ***bewussten Gemeinschaften*** setzen auf erneuerbare Energien, natürliche Bautechniken und Nahrungsmittelproduktion vor Ort und entwickeln aktiv eine kooperative lokale Wirtschaft in ihrer Umgebung.

Ökodörfer gehören zu den beliebtesten, erfolgreichsten und vielfältigsten Formen bewusster Gemeinschaften, deren Größe von einigen wenigen Haushalten bis zu vielen Hunderten reicht. Das Globale Ökodorf-Netzwerk verbindet Tausende von Gemeinschaften in der ganzen Welt durch virtuelle und reale Allianzen.[28] Die Gemeinschaften sind so vielfältig wie die Orte, an denen sie errichtet wurden, und reichen von ehemals verlassenen Dörfern, die von Jugendlichen zurückerobert wurden, über städtische Wohnhäuser mit gemeinsamen Räumen und Mahlzeiten bis hin zu mit dem Land verbundenen Genossenschaften, die ihr Einkommen teilen.

Die in Nordamerika und Europa beliebten ***Transition Towns*** bestehen aus Gemeinschaftsgruppen in Kleinstädten und größeren städtischen Zentren, die sich verpflichtet haben, von einer globalisierten, kohlenstoffintensiven Wirtschaft wegzukommen. Das Transition-Netz umfasst inzwischen Tausende von Gruppen, die sich regelmäßig treffen, um Projekte in verschiedenen Bereichen der lokalen Wirtschaft auf die Beine zu stellen: Lebensmittel, Energie, lokaler Handel, Kunst, Verkehr, Gesundheitswesen usw. Zu den beliebten Transition-Town-Projekten gehören Gemeinschaftsgärten und Reparatur-Cafés – kostenlose Treffpunkte mit Werkzeugen und geschulten Freiwilligen, die den Menschen helfen, ihr kaputtes Hab und Gut zu reparieren.[29]

Die ***Bewegung für die Rechte der Gemeinden*** unterstützt die Gemeinden bei der Rückgewinnung lokaler demokratischer Entscheidungsbefugnisse. Eine der Gründungsorganisationen dieser Bewegung in Nordamerika ist der Community Environmental Legal Defense Fund (CELDF). Bis heute hat der CELDF fast 200 Gemeinden bei der Einführung von »Gemeinderechtsverordnungen« geholfen, die sie vor Aktivitäten wie Fracking und dem Anbau von gentechnisch veränderten Pflanzen schützen.[30] Die Landworkers' Alliance in Großbritannien, eine demokratische Gewerkschaft und Mitglied von La Via Campesina, stärkt die politische Entscheidungsgewalt von Bauern und Arbeitern in kleinen agrarökologischen Betrieben durch politische Schulungen, Lobbyarbeit, Kampagnen und mehr.[31]

Zusammengenommen sind diese Schritte an der Basis – und viele Tausende ähnlicher Schritte in Gemeinden auf der ganzen Welt –

ein Zeugnis für menschlichen Einfallsreichtum und guten Willen. Sie sind die sichtbarsten und inspirierendsten Teile einer weltweiten Lokalisierungsbewegung, die Tag für Tag an Stärke gewinnt. Zusammen mit den Bemühungen, sich der weiteren Globalisierung zu widersetzen, zeigen diese Schritte hin zu einer Erneuerung, dass ein anderer Weg tatsächlich möglich ist. Jede einzelne dieser Initiativen ist unglaublich wertvoll, aber ich bin davon überzeugt, dass die wichtigste die lokale Ernährung betrifft – ein Thema, das ich im nächsten Kapitel näher beleuchten werde. Aber lassen Sie uns zunächst ein Beispiel für Widerstand und Erneuerung näher betrachten.

Widerstand und Erneuerung: Tosepan

Seit Mitte der 1980er-Jahre ist Mexiko ein Musterbeispiel für die Globalisierung, deren düstere Folgen inzwischen bekannt sind. Und doch gibt es in ganz Mexiko eine Blüte des inspirierenden Widerstands und der Alternativen, von denen einige schon lange bestehen und andere jetzt neu entstehen.

Im südlichen Bundesstaat Puebla verteidigen die lokalen Gemeinden ihr Territorium und ihren Lebensunterhalt gegen staatliche Entwicklungsprojekte wie Bergbau, Gas-Fracking, zentralisierte Stromnetzinfrastruktur, große Staudämme und große Kaufhäuser. Die Regierung hat in Puebla Konzessionen für elf Bergwerke und 14 Wasserkraftwerke sowie für die Erschließung von Erdöl (einschließlich Fracking) erteilt.[32]

Doch eine heftige Gegenbewegung im ganzen Bundesstaat hat viele dieser Projekte erfolgreich blockiert. In der Sierra Norte war der Widerstand besonders beherzt und effektiv, so dass eine Reihe von Wasserkraftwerksprojekten ausgesetzt und ein geplantes Walmart (unter dem Namen seiner mexikanischen Tochtergesellschaft Bodega Aurrerá) zu Fall gebracht wurde.

Einer der wirksamsten Widerstände ging von einem Netzwerk von Kooperativen namens Tosepan aus, das seit 40 Jahren in der Region tätig ist und eine parallele Solidarwirtschaft unter den größtenteils aus Nahua und Tutunaku bestehenden indigenen Gemeinschaften aufgebaut hat, die etwa 35.000 Mitglieder in 430 Dörfern umfasst.

Tosepan war maßgeblich daran beteiligt, einer Volksabstimmung zur Ablehnung einer geplanten Walmart/Bodega Aurrerá-Filiale in der Stadt Cuetzalan im Jahr 2010 zum Erfolg zu verhelfen, indem es über die wirtschaftlichen, kulturellen und ökologischen Schäden aufklärte, die diese Filiale verursachen würde[33] – und die Tatsache, dass die von Walmart versprochenen 60 minderwertigen Arbeitsplätze auf Kosten von 500 lokalen Unternehmen gehen würden und die gesamte von Tosepan und anderen aufgebaute Solidarökonomie gefährden würden.[34] Die Bedeutung dieses Sieges kann in einem Land, in dem Walmart stetig expandiert, gar nicht hoch genug eingeschätzt werden: eine von fünf Walmart-Filialen weltweit befindet sich in Mexiko.[35]

Tosepan besteht aus drei zivilen Vereinigungen und acht Genossenschaften, die gemeinsam den Grundbedarf decken. Zu ihren Projekten gehören:

- agrarökologischer Anbau von Grundnahrungsmitteln wie Mais, Bohnen und Gemüse sowie Kaffee, Pfeffer und Zuckerrohr zum Verkauf (vor allem auf lokalen Märkten) und für den Lebensunterhalt der Gemeinschaft;
- natürliches Bauen mit lokalen Ressourcen wie Bambus und Lehm;
- kleine Technologien wie Wassergewinnung, Solartrockner und ökologische Kochherde;
- Gesundheitsfürsorge mit Schwerpunkt auf Prävention und traditionellen pflanzlichen Heilmitteln;
- dezentralisierte erneuerbare Energien mit dem Ziel der vollständigen Energiesouveränität und
- lokale Finanzmittel, um das Funktionieren des gesamten Ökosystems der Genossenschaften zu gewährleisten.

In Tosepan wird besonderer Wert auf die Ernährungssouveränität gelegt, mit dem Ziel, zuerst die lokalen Bedürfnisse zu decken. Eines der vielen landwirtschaftlichen Projekte war die Wiedereinführung der einheimischen Biene *Scaptotrigona mexicana*. Der Honig, das Propolis und das Wachs der Bienen haben viele medizinische Eigenschaften, während der Pollen reich an Proteinen ist. Die Kooperative stellt auch Produkte wie Shampoos, Seifen und Cremes aus dem Honig und dem Wachs her.

Seit 2001 befassen sich die Mitglieder von Tosepan auch mit dem ökologischen Kaffeeanbau auf der Grundlage hochgradig diversifizierter, biologisch reichhaltiger agroökologischer »Kaffeegärten«, die vermutlich die vielfältigsten Kaffeefarmen in Mexiko sind. Ein einziger Hektar kann mehr als 200 Pflanzenarten umfassen, die vielfältige ökologische und soziale Funktionen und Werte haben.

Das Ethos, das der Arbeit von Tosepan zugrunde liegt, wird von einem der Tosepan-Mitglieder, María Luisa Albores, erläutert: »Unser Genossenschaftsmodell basiert auf den Werten einer Kosmovision oder Lebensform, die eng mit der sozialen und solidarischen Ökonomie übereinstimmt, die das Leben, die Menschen, das Land, die Pflanzen und die Tiere wertschätzt. Aus dieser Vision haben wir die Lebensform von Tosepan [...] entwickelt. Das Gefühl der Zugehörigkeit und der Beständigkeit in unserem Territorium gibt uns Identität [...] angesichts des Ansturms und der Vertreibung durch das kapitalistische System. Wir sind hier und werden mit Würde weitergehen, zu Fuß in unserem Land, das uns heilig ist.«[36]

7

LOKALE LEBENSMITTEL FÜR UNSERE ZUKUNFT

Lebensmittel sind etwas, das jeder, überall, jeden Tag braucht. Aus diesem Grund können selbst kleine Veränderungen in der Art und Weise, wie Lebensmittel produziert, vertrieben und vermarktet werden, eine große Wirkung haben. Das macht das Lebensmittelsystem zu einem der wichtigsten Ansatzpunkte für einen Richtungswechsel.

Local Futures hat in den letzten 40 Jahren zahlreiche lokale Lebensmittelinitiativen gefördert. Solche Initiativen gehören zu den wichtigsten Rettungsbooten der Resilienz – alternative Strukturen, die dazu beitragen werden, unsere Gemeinschaften während der kommenden Umwälzungen über Wasser zu halten.

Die Welt ist voller guter Nachrichten, wenn es um ökologisch vertretbare Wege der Lebensmittelerzeugung geht. Kleinbauern, Umweltschützer, wissenschaftliche Forscher und Lebensmittel- und Landwirtschaftsaktivisten haben bewährte Verfahren in den Bereichen Agrarökologie, ganzheitliches Ressourcenmanagement, Permakultur, regenerative Landwirtschaftssysteme und andere Methoden entwickelt und nachgewiesen, dass sie die schlimmsten Auswirkungen des globalen Lebensmittelsystems mildern oder vielleicht sogar umkehren können: Verlust der biologischen Vielfalt,

Energieverknappung, toxische Verschmutzung, Ernährungsunsicherheit und massive Kohlenstoffemissionen.

Diese inspirierenden Methoden haben zwei Dinge gemeinsam: Es handelt sich um kleinere Betriebe, die an die örtlichen Gegebenheiten angepasst sind, und sie hängen mehr von menschlicher Aufmerksamkeit und Pflege als von Energie und Technologie ab. Mit anderen Worten: Sie sind das Gegenteil von industriellen Monokulturen – riesigen Betrieben, die nur eine einzige Sorte anbauen.

Einseitig auf Monokultur ausgerichtet

Um die zahlreichen negativen Auswirkungen des Lebensmittelsystems deutlich zu verringern, müssen sich diese kleinen Initiativen auf der ganzen Welt verbreiten. Leider wird diese Umgestaltung der Landwirtschaft von den politischen Entscheidungsträgern bisher nicht wesentlich unterstützt. Das liegt daran, dass das Lebensmittelsystem untrennbar mit einem staatlich gestützten Wirtschaftssystem verbunden ist, das sich seit Jahrzehnten grundlegend gegen die Art von Veränderungen, die wir brauchen, wehrt. Im Globalen Süden werden die bestehenden nachhaltigen Anbausysteme zugunsten exportorientierter Monokulturen immer weiter abgebaut. Dies geschieht, obwohl Kleinbauern mehr als 70 Prozent der Weltbevölkerung ernähren und dabei weniger als 25 Prozent der Land-, Wasser- und Energieressourcen verbrauchen.[1]

Vereinfacht gesagt, fördert die Wirtschaftspolitik fast überall systematisch eine immer größere, toxische Monokulturproduktion. Wie in diesem Buch beschrieben, umfasst diese Politik massive Subventionen für weltweit gehandelte Rohstoffe, direkte und versteckte Subventionen für globale Verkehrsinfrastrukturen und fossile Brennstoffe sowie eine »Freihandelspolitik«, die die Lebensmittelmärkte für globale Agrarunternehmen öffnet. Gleichzeitig belasten Gesundheits- und Sicherheitsvorschriften in der Regel kleine Erzeuger für lokale Märkte in ungerechter Weise.

Diese Politik verschafft großen Monokulturproduzenten und konzerninternen Verarbeitern und Vermarktern einen enormen Wettbewerbsvorteil – ein Grund, warum industriell hergestellte Lebensmittel, die vom anderen Ende der Welt herangeschafft wurden, oft billiger sind als Lebensmittel vom Bauernhof nebenan.

Die Umweltkosten dieser Einseitigkeit sind enorm. Monokulturen sind in hohem Maße auf den Einsatz von Chemikalien – Düngemittel, Herbizide, Fungizide und Pestizide – angewiesen, die die unmittelbare Umwelt verschmutzen, Wildtiere gefährden und durch den Abfluss von Nährstoffen »tote Zonen« in Gewässern schaffen, die Hunderte oder Tausende von Meilen entfernt sind.[2] Monokulturen sind außerdem in hohem Maße von fossilen Brennstoffen abhängig, um Großanlagen zu betreiben und rohe und verarbeitete Lebensmittel durch die Welt zu transportieren, was sie zu einem Hauptverursacher von Treibhausgasemissionen macht. Wissenschaftler schätzen den Anteil der Treibhausgasemissionen des globalen Ernährungssystems auf ein Drittel der Gesamtemissionen.[3]

Zu den abscheulichsten Auswirkungen der industriellen Monokultur gehört die Art und Weise, wie die Tiere behandelt werden. In »Massentierhaltungen« und Kraftfutterbetrieben (CAFOs) werden die Tiere unter oft schmutzigen, gefängnisartigen Bedingungen zusammengepfercht. Bei der Fleischproduktion geht es einfach darum, die Tiere so schnell wie möglich zu mästen und sie dann zu möglichst geringen Kosten zu transportieren und zu töten. Die Tierquälerei gibt weltweit Anlass zu wachsender Besorgnis. Ebenso wie die Tatsache, dass das Fleisch, die Milch und die Eier, die in diesem System produziert werden, anfällig für Verunreinigungen sind, was zu einer Gefährdung der Lebensmittelversorgung führt. Im Jahr 2018 wurden beispielsweise in den USA mehr als 25 Millionen Pfund Fleischprodukte wegen möglicher Salmonellen, Listerien, E. coli und anderer Formen der Kontamination zurückgerufen.[4]

Die industrielle Produktion hat auch soziale und wirtschaftliche Kosten. In den Industrieländern können kleinere Erzeuger nicht überleben; ihr Land wird in die Betriebe immer größerer industrieller Farmen eingegliedert – und dezimiert dabei die ländliche und kleinstädtische Wirtschaft und bedroht die öffentliche Gesundheit durch Pestizide, Herbizide und giftige Nebenprodukte aus CAFOs.[5] Im Globalen Süden werden durch dieselben Kräfte Hunderte von Millionen Menschen vom Land vertrieben, was zu Armut, rasch anschwellenden städtischen Slums und Wellen von Wirtschaftsflüchtlingen führt.[6] Wie in Kapitel 4 beschrieben, geraten entwurzelte Kleinbauern leicht in eine Spirale aus Arbeitslosigkeit, Armut, Ressentiments und Wut.

Es bestehen auch Risiken für die Ernährungssicherheit. Die globale Wirtschaftspolitik hat die Nahrungsmittelversorgung der Welt homogenisiert, so dass sich die 7.000 Pflanzenarten, die in der Vergangenheit als Nahrungspflanzen verwendet wurden, auf 150 kommerziell wichtige Pflanzen reduziert haben, wobei Reis, Weizen und Mais 60 Prozent der weltweiten Nahrungsmittelversorgung ausmachen.[7] Bei der Auswahl der Sorten dieser wenigen Pflanzen wurde darauf geachtet, dass sie auf chemische Düngemittel, Pestizide und Bewässerungswasser reagieren und lange Transportwege überstehen. Ein ähnliches Kalkül wird bei Vieh- und Geflügelrassen angewandt, die darauf gezüchtet sind, dass sie durch den Einsatz von Getreide und Antibiotika in der Massentierhaltung schnell wachsen.[8] Der Verlust an Vielfalt erstreckt sich sogar auf die Größe und Form von Lebensmitteln: Erntemaschinen, Transportsysteme und Supermarktketten müssen alle standardisiert werden.

Das Ergebnis ist, dass mehr als die Hälfte der weltweiten Lebensmittelsorten im letzten Jahrhundert verloren gegangen sind; in den USA beträgt der Verlust mehr als 90 Prozent.[9] Das globale Lebensmittelsystem ruht auf einer gefährlich schmalen Basis: Ohne die genetische Vielfalt, die für Widerstandsfähigkeit sorgt, ist das Lebensmittelsystem anfällig für katastrophale Verluste durch Krankheiten und die Auswirkungen des Klimawandels.

Die Vorteile von lokalen Lebensmitteln

Die Lösung dieser Probleme erfordert nicht nur ein Engagement für ökologische Modelle der Lebensmittelproduktion, sondern auch für eine lokale Lebensmittelwirtschaft. Die Lokalisierung mildert systematisch eine Reihe von Umweltproblemen, die dem globalen Lebensmittelsystem innewohnen, indem sie sorgen für:

- Verkürzung der Transportwege von Lebensmitteln, wodurch sich der Energiebedarf für den Transport und die damit verbundenen Treibhausgasemissionen verringern;
- Minimierung des Verpackungs-, Verarbeitungs- und Kühlungsbedarfs (der beim Direktverkauf an die Verbraucher fast vollständig entfällt), wodurch Abfall und Energieverbrauch reduziert werden;
- Monokulturen erübrigen sich, da Betriebe, die für lokale oder regionale Märkte produzieren, einen Anreiz haben, ihre Produktion zu diversifizieren, was die ökologische Produktion praktikabler macht und dies wiederum die toxische Belastung der umliegenden Ökosysteme verringert;
- Schaffung von mehr Nischen für Wildtiere in diversifizierten Biobetrieben; und sie sorgen für
- Unterstützung des Grundsatzes der Vielfalt, auf dem der ökologische Landbau – und das Leben selbst – beruht, indem Produktionsmethoden bevorzugt werden, die für die jeweiligen Klimazonen, Böden und Ressourcen am besten geeignet sind.

Lokale Lebensmittel bieten viele weitere Vorteile. Studien auf der ganzen Welt haben gezeigt, dass kleine Bauernhöfe – die Hauptstütze lokaler Lebensmittelsysteme – weitaus mehr Lebensmittel pro Hektar produzieren als großflächige Monokulturen.[10] Wenn wir uns Sorgen darüber machen, wie die wachsende Weltbevölkerung in den kommenden Jahren ernährt werden soll, sollten wir darauf drängen, dass die Subventionen, die die industriellen Monokulturen stützen, gestrichen und auf kleinere Betriebe umgeschichtet werden.

Lokale Lebensmittel schaffen auch mehr Arbeitsplätze. Die landwirtschaftlichen Betriebe, die für lokale und regionale Märkte produzieren, erfordern mehr menschliche Intelligenz, Sorgfalt und Arbeit als Monokulturen und bieten somit mehr Beschäftigungsmöglichkeiten. Vor allem im Globalen Süden würde ein Engagement für lokale Lebensmittel den Druck mildern, der Millionen von Landwirten vom Land vertreibt.

Lokale Lebensmittel sind auch gut für die ländliche und kleinstädtische Wirtschaft, da sie nicht nur mehr Arbeitsplätze auf dem Bauernhof schaffen, sondern auch die vielen lokalen Unternehmen mittragen, auf die die Landwirte angewiesen sind.

Die Ernährungssicherheit wird auch dadurch gestärkt, dass die Sorten nach ihrer Eignung für verschiedene Standorte ausgewählt werden und nicht nach den Anforderungen der Supermarktketten oder den Erfordernissen des Transports über weite Strecken. Diese ortsbezogene Auswahl von Pflanzensorten und Nutztierrassen stärkt die landwirtschaftliche Artenvielfalt insgesamt.

Lokale Lebensmittel sind auch gesünder. Da sie nicht so weit transportiert werden müssen, sind lokale Lebensmittel viel frischer als globale Lebensmittel; und da sie nicht auf monokulturellem Anbau beruhen, können sie leichter ohne giftige Chemikalien, die Lebensmittel verunreinigen können, hergestellt werden.

Die kleinen, diversifizierten landwirtschaftlichen Betriebe, die lokale Lebensmittelsysteme beliefern, vermeiden auch Tierquälerei, die so typisch für CAFOs und Fabrikbetriebe ist. Die Tiere sind in der Regel nicht eingesperrt und verbringen einen Großteil ihrer Zeit im Freien unter Bedingungen, die sich nicht so sehr von denen ihrer wilden Artgenossen unterscheiden.

Die Umstellung

Seit mehr als einer Generation lautet die Botschaft an die Landwirte: »Werde groß oder steig aus«, und viele der verbliebenen Landwirte haben ihre Methoden auf das zugeschnitten, was innerhalb eines zutiefst fehlerhaften Systems kurzfristig wirtschaftlich sinnvoll ist. Um diese Landwirte nicht in den Ruin zu treiben, müsste der Übergang von der globalen zur lokalen Landwirtschaft behutsam erfolgen und den Landwirten Anreize bieten, ihre Produktion zu diversifizieren, ihre Abhängigkeit von chemischen Produktionsmitteln und fossilen Brennstoffen zu verringern und Märkte in ihrer Nähe zu suchen. Diese Anreize würden Hand in Hand gehen mit einem Abbau der Subventionen für das industrielle Lebensmittelsystem.

Wie in Kapitel 5 dargelegt, haben einige lokale und regionale Regierungen Schritte zur Unterstützung lokaler Lebensmittel unternommen. Aber die nationalen Regierungen subventionieren größtenteils immer noch direkt und indirekt die globale Nahrungsmittelproduktion und bieten den deregulierten Rahmen, den die globale Agrarindustrie benötigt. Es muss weitaus mehr Druck auf die politischen Entscheidungsträger auf allen Ebenen ausgeübt werden, wenn die Hoffnung bestehen soll, dass die durch das globale Lebensmittelsystem verursachten Schäden behoben werden.

Ein entscheidender erster Schritt besteht darin, das Bewusstsein für die Kosten des derzeitigen Systems und die vielfältigen Vorteile lokaler Lebensmittel zu schärfen. Ganz gleich, wie viele Studien die Vorzüge alternativer Wege der Lebensmittelerzeugung und -verteilung aufzeigen, das zerstörerische globale Lebensmittelsystem wird sich wahrscheinlich nicht ändern, wenn nicht von der Basis her starker Druck ausgeübt wird, um das gesamte System zu ändern.

Glücklicherweise gibt es bereits viele Modelle, die beweisen, dass eine auf Ernährungssouveränität beruhende lokale Wirtschaft die Bedürfnisse der Menschen besser befriedigen kann als die globale Wirtschaft der Konzerne. Hier sind ein paar Beispiele:

Pine Island Farm

Das Labyrinth des globalen Lebensmittelhandels ist reich an absurden Geschichten. Nehmen wir zum Beispiel die 3.000 gefrorenen

Ziegen, die jedes Jahr von Australien nach Burlington, Vermont, verschifft werden.[11]

Sie wurden eingeführt, um die wachsende Gemeinschaft der »New Americans« in der Region zu ernähren – Flüchtlinge, die vor Gewalt, Unterdrückung oder ethnischer Säuberung in ihren Herkunftsländern in die USA geflohen sind. Viele von ihnen waren Landwirte oder Viehzüchter, bevor sie aus ihrer Heimat vertrieben wurden, und haben eine Vorliebe für Ziegenfleisch und Gemüsesorten, die in Neuengland einfach nicht erhältlich waren.

Die Pine Island Community Farm wurde 2013 gegründet, um ihre Bedürfnisse zu befriedigen, indem vor Ort eine Fülle von Lebensmitteln aus der ganzen Welt angebaut wird. Die Farm ist eine Partnerschaft zwischen der Association of Africans Living in Vermont und dem Vermont Land Trust, der dem Projekt ein 230 Hektar großes Grundstück für fünf Jahre kostenlos zur Verfügung stellte. Kurz darauf wurde Chuda Dhaurali, ein Flüchtling aus Bhutan, der Pilot-Ziegenhalter des Projekts. Theogène Mahoro aus Ruanda schloss sich dem Projekt an und leitet nun die Hühnerzucht auf der Farm. Inzwischen nutzen mehr als 60 Familien aus den USA die Gartenparzellen der Farm sowohl für den Haus- als auch für den Erwerbsgartenbau.

Pine Island bietet Neu-Amerikanern nicht nur die Möglichkeit, sich mit lokal angebauten, erschwinglichen und kulturell wichtigen Lebensmitteln zu versorgen – es gibt diesen Neuankömmlingen auch die Möglichkeit, sich mit dem Land und der Gemeinschaft auf ähnliche Weise zu verbinden, wie sie es hinter sich gelassen haben. Die Farm ist ein Treffpunkt und Veranstaltungsort für traditionelle Feste aus aller Welt und verfügt über einen Spieß, an dem eine ganze Ziege gebraten werden kann.

Das Projekt verbindet die New Americans auch mit der breiteren Gemeinschaft und bildet eine freundschaftliche Brücke zwischen Gruppen, die einander sonst vielleicht mit Misstrauen begegnen würden. Alteingesessene Vermonter kaufen auf der Farm freilaufende Hühner, verfüttern ihre Weihnachtsbäume nach den Feiertagen an die Ziegen der Farm und leisten freiwillige Arbeit im Tausch gegen einen Rabatt im genossenschaftlichen Lebensmittelladen der Stadt. Trotz der einwandererfeindlichen Stimmung, die in letzter Zeit in vielen Teilen der Welt für Schlagzeilen sorgte, zeigt Pine Island, dass lokale Lebensmittelsysteme in der Lage sind, unterschiedliche Menschen in dem gemeinsamen Traum von einer gesunden, gemeinschaftsbasierten Lebensweise zu vereinen.

Mouans-Sartoux Farm to School Programm

Stellen Sie sich vor, Ihre Stadt würde es sich zur Aufgabe machen, Ihren Kindern in der Schule jeden Tag frische Bioprodukte anzubieten. In der kleinen Stadt Mouans-Sartoux im Südosten Frankreichs haben die Einwohner genau das getan.[12] Der Stadtrat setzte sich das Ziel, dass 100 Prozent der in den drei öffentlichen Schulkantinen ausgegebenen Lebensmittel aus der Region und aus biologischem Anbau stammen sollten. Die Stadt änderte ihre Beschaffungspolitik, aber es waren nicht genügend lokale Produkte für die Schulessen verfügbar. Also stellte die Stadt 2010 ihren ersten Landwirt ein, kaufte Geräte und eröffnete offiziell ihren eigenen kommunalen Bauernhof.

Im Jahr 2015 produzierte die Farm 85 Prozent des Bio-Gemüses, das für die Schulessen in der Region verwendet wird, und deckte damit 1.400 Mahlzeiten pro Tag ab. Das Programm reduziert die Lebensmittelverschwendung, indem es die Speisepläne der Kantinen auf die saisonal verfügbaren Produkte abstimmt und die geernteten Produkte während der Schulferien verarbeitet und lagert. Außerdem werden die Kinder in den Anbau ihrer eigenen Lebensmittel einbezogen, das Gemüse wird mit einem Preisnachlass an einkommensschwache Einwohner verkauft und Überschüsse werden an die örtliche Lebensmittelbank gespendet. Das ist viel besser als die übliche Mittagspause mit Hamburgern, Pommes frites, Pestizidrückständen und Fettleibigkeit!

Pun Pun Zentrum für Selbständigkeit

»Als ich Kind war, war alles lustig und einfach«, erklärt Jon Jandai und erinnert sich an seine Kindheit in einem Dorf im Osten Thailands. »Aber als das Fernsehen kam, kamen viele Leute in unser Dorf. Sie sagten: ›Ihr seid arm… ihr müsst nach Bangkok gehen, um erfolgreich zu sein.‹«[13]

Das tat er auch. Nachdem er sieben Jahre in der Stadt gelebt hatte, ununterbrochen arbeitete, in einem winzigen, überfüllten Zimmer schlief, jeden Tag Nudeln aß und kaum genug Geld hatte, um über die Runden zu kommen, kehrte er desillusioniert von der Diskrepanz zwischen den Lehren der Universität und den grundlegenden Prozessen, die zum Leben notwendig sind, in sein Dorf und zu dem einfacheren Leben zurück, das er in seiner Jugend geschätzt hatte. Seine sechsköpfige Familie, die zwei Monate im Jahr auf ihren Reisfeldern arbeitete, erntete mehr als das Achtfache der Reismenge, die sie in einem ganzen Jahr verbrauchen konnte. Nachdem er einen Fischteich ausgehoben und einen Garten angelegt hatte, verfügte Jon über mehr als genug Fisch und Gemüse für den Bedarf seiner Familie, wobei er den Garten nur 15 Minuten pro Tag pflegte. Sie verkauften ihre überschüssigen Lebensmittel, und er baute sich in drei Monaten mit nur zwei Stunden Arbeit am Tag ein schuldenfreies Lehmhaus. Er hörte auf, sich über modische Kleidung und andere Statussymbole Gedanken zu machen. Mit mehr freier Zeit konnte er sich besser auf seinen Geist und seinen Körper einstellen und lernte, Krankheiten und gesundheitliche Ungleichgewichte zu behandeln, indem er sich auf seine eigene Intuition verließ. Das Leben wurde wieder leicht und machte Spaß.

Im Jahr 2003 beschlossen er und Peggy Reents aus den USA, ein Lernzentrum zu gründen, um diese Erkenntnisse weiterzugeben, und so entstand das Pun Pun Center for Self-Reliance – ein Bio-Bauernhof, eine zweckbestimmte Gemeinschaft und ein Zentrum für Saatguterhaltung und nachhaltiges Leben.[14] Das Land, das sie nördlich von Chiang Mai kauften, war stark degradiert, da es zuvor für den Monokulturanbau von Mais genutzt worden war. Sie dachten sich, wenn sie das Land mit fast keinem Geld in einen üppigen, autarken Bauernhof, ein Lernzentrum und ein Zuhause verwandeln könnten, dann müssten die Menschen, die dorthin kommen, um zu lernen, glauben, dass alles möglich ist.

Heute sind die Kulturen in Pun Pun vielfältig und gedeihlich. Auf dem Land werden Reis, viele einheimische mehrjährige Pflanzen, Kräuter, Gemüse und Obstsorten angebaut; außerdem gibt es Fischteiche und Legehühner. Etwa 15 Menschen leben auf dem Hof, und jedes Jahr kommen Hunderte von Gästen und Workshop-Teilnehmern dorthin, um etwas über biologischen Gartenbau, natürliches Bauen und den Einsatz geeigneter Technologien zu lernen – etwa einfache Solarsysteme zur Wassererwärmung und selbst hergestellte Holzkohle zur Wasserfilterung.

Mitglieder der Pun Pun-Gemeinschaft betreiben auch zwei Restaurants in der Stadt Chiang Mai, in denen sie lokale, biologische, gentechnikfreie Lebensmittel servieren – ein Großteil davon wird auf der Farm angebaut. Beide Restaurants haben es sich zur Aufgabe gemacht, den Wert der verschiedenen traditionellen Saatgutsorten hervorzuheben, die in Pun Pun angebaut und bewahrt werden. Jon erklärt: »Saatgut ist Nahrung, und Nahrung ist Leben. Gibt es kein Saatgut, gibt es kein Leben. Kein Saatgut, keine Freiheit. Kein Saatgut, kein Glück.«[15]

Eine lokale Lebensmittelwirtschaft steht nie isoliert da; sie ist mit anderen Teilen des sozialen Gefüges auf eine Weise verbunden, die ganze Gemeinschaften gesünder und widerstandsfähiger macht. Jon fasst seine Reise zurück zum Land, zu den Samen, zum Leben, zur Freiheit und zum Glück folgendermaßen zusammen: »Man hat uns beigebracht, wie man das Leben kompliziert und schwer macht… man hat uns beigebracht, uns abzukoppeln, unabhängig zu sein, so dass wir uns nur auf Geld verlassen können und uns nicht aufeinander verlassen müssen. Aber jetzt müssen wir uns, um glücklich zu sein, wieder mit uns selbst verbinden, uns mit anderen Menschen verbinden, unseren Verstand und unseren Körper wieder miteinander verbinden.«[16]

8

ENTGEGNUNGEN AUF EINWÄNDE

Immer wenn ich in der Öffentlichkeit über Lokalisierung spreche, äußern die Zuhörer eine Reihe von Bedenken. Hier sind einige der häufigsten:

■ Ist die Globalisierung nicht notwendig, um die Armut in den »Entwicklungsländern« zu lindern?

Es herrscht die weit verbreitete Ansicht, dass die Menschen in den Ländern des Südens die Märkte des Nordens brauchen, um sich aus der Armut zu befreien, und dass ein höheres Maß an Eigenständigkeit im Norden daher die Wirtschaft in den weniger entwickelten Ländern untergraben würde. Eine allmähliche Verlagerung hin zu einer kleineren und stärker lokalisierten Produktion würde jedoch sowohl dem Norden als auch dem Süden zugutekommen und überall sinnvolle Arbeit und Vollbeschäftigung ermöglichen.

Gegenwärtig verlangt die globalisierte Wirtschaft vom Süden, dass er einen großen Teil seiner natürlichen Ressourcen als Rohstoffe in den Norden schickt. Die besten landwirtschaftlichen Flächen müssen für den Anbau von Nahrungsmitteln, Fasern und sogar Blumen für den Norden genutzt werden, und ein großer Teil der Arbeitskräfte im Süden wird für die billige Herstellung von Waren für die Märkte des Nordens eingesetzt. Anstatt den Süden weiter zu verarmen, würde die Lokalisierung dem Süden ermöglichen, mehr von seinen eigenen Ressourcen, seiner Arbeit und seiner Produktion für sich selbst zu behalten. Eine Studie aus dem Jahr 2014 hat beispielsweise gezeigt, dass 550 Millionen Menschen in Asien, Afrika und Ozeanien von dem Land ernährt werden könnten, das von ausländischen Regierungen und Konzernen übernommen wurde – meist für den Export von Lebensmitteln und Biokraftstoffen.[1]

■ Führt die Lokalisierung nicht zu Isolationismus in einer Zeit, in der wir globale Zusammenarbeit brauchen?

Es besteht kein Zweifel, dass wir internationale Zusammenarbeit brauchen, um unsere globalen Probleme zu lösen. Sowohl Regierungen als auch Basisgruppen müssen Informationen über Grenzen hinweg austauschen und auf verbindliche Vereinbarungen drängen, um Umweltverschmutzung, Armut und Konflikte zu verringern. Leider glauben viele Menschen, dass die *wirtschaftliche* Globalisierung für diese Art der Zusammenarbeit notwendig ist. Aber wie ich hoffe, ist inzwischen klar, dass die Globalisierung zu mehr Konflikten und Wettbewerb führt und genau die sozialen und ökologischen Probleme verschärft, die wir am dringendsten angehen müssen. Internationale Allianzen zu schmieden, die sich darauf konzentrieren, die Macht der multinationalen Konzerne zu beschneiden – und die es der Gesellschaft ermöglichen, die Regeln für die Wirtschaft festzulegen und nicht umgekehrt – ist der strategische Weg nach vorn.

■ Ist die Lokalisierung nicht eine Form des Social Engineering?

Die Umstellung auf eine lokale Wirtschaft würde zwar politische Veränderungen erfordern, die sich auf das Leben der Menschen auswirken, doch wären diese Auswirkungen gering im Vergleich zu dem beispiellosen Ausmaß des Social Engineering in der heutigen Gesellschaft des »arbeitslosen Wachstums«. Weite Teile des Planeten und ganze Volkswirtschaften werden so geformt, dass sie den Erfordernissen des globalen Wachstums entsprechen, während die Menschen auf der ganzen Welt dazu angehalten werden, ihre Sprachen, ihre Lebensmittel und ihre Kleidung zugunsten einer standardisierten Monokultur aufzugeben. Und in Indien, China und anderen Ländern fordern die politischen Entscheidungsträger ausdrücklich die Umsiedlung von Hunderten von Millionen Menschen aus den Dörfern in die Städte.

Anstelle einer zentralisierten Vorgabe von oben schafft die Lokalisierung Möglichkeiten für unterschiedliche Gemeinschaften, ihre eigene Zukunft zu bestimmen und zu verfolgen.

■ Gibt es nicht zu viele Menschen, als dass die Mehrheit auf dem Land leben könnte?

Da der größte Teil der industrialisierten Welt weitgehend verstädtert ist, mag es den Anschein haben, als gehöre das Leben auf dem Land der Vergangenheit an. Dabei wird allzu leicht vergessen, dass fast die Hälfte der Weltbevölkerung – vor allem in den weniger entwickelten Ländern – noch auf dem Land lebt. Sie zu ignorieren – so zu tun, als sei die Verstädterung der Menschen Teil der menschlichen Natur – ist ein gefährlicher Irrtum, der den gesamten Prozess der Verstädterung anheizt. So wird es als utopisch angesehen, eine Verländlichung der amerikanischen oder europäischen Bevölkerung vorzuschlagen, während Chinas Plan, innerhalb von zwölf Jahren 250 Millionen Menschen vom Land in die Städte zu bringen, kaum für Überraschung sorgt.[2]

Sogar im Norden werden ländliche Gemeinden immer weiter abgebaut und ihre Bevölkerung in die sich ausbreitenden suburbanen Megalopole gedrängt, in denen die große Mehrheit der verfügbaren Arbeitsplätze zentralisiert ist. In den Vereinigten Staaten leben weniger als 20 Prozent der Menschen in ländlichen Gebieten; die Landwirte machen weniger als ein Prozent der Gesamtbevölkerung aus, und ihre Zahl nimmt weiter ab.[3] Es ist unmöglich, dieses Modell auf den Rest der Welt zu übertragen, wo große Teile der Bevölkerung immer noch ihren Lebensunterhalt als Landwirte verdienen.

■ Sind Städte nicht effizienter?

Obwohl Menschen in den Städten pro Kopf eine geringere Fläche beanspruchen, sind die städtischen Zentren in der ganzen Welt extrem ressourcenintensiv. Die groß angelegten, zentralisierten Systeme, die sie erfordern, sind fast immer belastender für die Umwelt als kleinräumige, diversifizierte, lokal angepasste Systeme.[4] Lebensmittel, Wasser, Baumaterialien und Energie für die Städte werden über riesige, energieaufwendige Infrastrukturen aus großen Entfernungen herangeschafft; ihre konzentrierten Abfälle müssen mit Lastwagen und Lastkähnen abtransportiert oder unter hohen Umweltkosten verbrannt werden. In ihren Glas- und Stahltürmen mit Fenstern, die sich nie öffnen lassen, muss sogar die Luft zum Atmen durch Ventilatoren und Pumpen bereitgestellt werden, die in der Regel mit nicht erneuerbarer Energie betrieben werden.

Von den wohlhabendsten Vierteln in Paris bis zu den Slums von Kalkutta ist die Stadtbevölkerung auf immer mehr Verpackungen und Transportmittel für ihre Lebensmittel angewiesen, so dass jedes Pfund Lebensmittel, das konsumiert wird, mit einem noch höheren Erdölverbrauch sowie erheblichen Mengen an Umweltverschmutzung und Abfall einhergeht.

Das Problem ist nicht die Stadt an sich: Kleinere Städte, die ein Gleichgewicht mit ihrer ländlichen Umgebung aufrechterhalten, sind in der Lage, sowohl ökologische als auch kulturelle Vitalität zu bewahren. Aber die heutige Urbanisierung fördert keine gesunden Beziehungen zwischen Stadt und Land. Es handelt sich um einen kontinuierlichen Prozess der Zentralisierung – der Ansammlung von Menschen in ausufernden Metropolen, wo sie auf Industrieprodukte angewiesen sind, um ihre grundlegendsten Bedürfnisse zu befriedigen. Dieser Prozess mag für profitgierige Unternehmen »Effizienzgewinne« bringen, aber aus ökologischer und ressourcenbezogener Sicht ist er weder nachhaltig noch effizient.

■ Ziehen es die meisten Menschen nicht vor, in städtischen Gebieten zu leben?

Es wird oft behauptet, dass sich die Menschen überall mehr zum Stadtleben hingezogen fühlen und dass sich daher der Trend zur Stadt nicht umkehren lässt. Wir dürfen jedoch nicht vergessen, dass im Laufe der modernen Geschichte ein enormer psychologischer und struktureller Druck auf die Menschen ausgeübt wurde, in die Städte zu ziehen. In den Anfängen der globalisierten Wirtschaft bestand dieser Druck in Gewalt und Zwang. Später ging dieser Druck mit einer ständigen Romantisierung des modernen Stadtlebens einher, wobei die urbane Moderne als Flucht vor der angeblichen Brutalität, Ignoranz und Hoffnungslosigkeit des Landlebens dargestellt wurde.

Heute geht ein ähnlicher psychologischer Druck von Filmen, Fernsehprogrammen und der Werbung, von Schulbüchern und Klassenzimmern und sogar vom Internet aus. Die Annahme, dass Urbanisierung, Wirtschaftswachstum und technologischer Fortschritt die einzigen Mittel sind, um das Leben der Menschen zu verbessern, hat sich über fast alle unsere Möglichkeiten, Wissen zu erlangen, verbreitet.

In dieser letzten Phase der Globalisierung haben sich die industriellen Volkswirtschaften in Informations- oder Dienstleistungswirtschaften verwandelt, aber der Urbanisierungsdruck hält unvermindert an. In den Mainstream-Medien wird das städtische Leben nach wie vor als Ort der Hochkultur dargestellt, während sich Arbeitsplätze und wirtschaftliche Möglichkeiten in den Hightech-Städten und den sie umgebenden Vorstädten konzentrieren.

Nichts davon ist unvermeidlich. Wenn Maßnahmen ergriffen würden, um Ressourcen und Beschäftigungsmöglichkeiten in kleineren Städten und ländlichen Gebieten bereitzustellen, bestünde kaum ein Zweifel daran, dass diese Orte sowohl wirtschaftlich als auch kulturell florieren und neue Einwohner anziehen würden. Überall in der industrialisierten Welt versuchen immer mehr junge Menschen aktiv, auf das Land zurückzukehren, wie die Bewegungen der Permakultur, der Ökodörfer und der neuen Bauern zeigen.

■ Brauchen wir nicht die industrielle Landwirtschaft, um die Welt zu ernähren?

Die Befürworter der industrialisierten Landwirtschaft wollen uns weismachen, dass die Landwirtschaft heute produktiver ist als je zuvor – und dass wir unser Lebensmittelsystem weiter intensivieren und globalisieren müssen, um die Welt zu ernähren. Doch trotz all unserer Pestizide, Düngemittel, gentechnischen Veränderungen und Hightech-Verarbeitungssysteme geht immer noch ein tragisch großer Teil der Weltbevölkerung jede Nacht hungrig zu Bett. Das liegt daran, dass das Ziel des globalisierten Systems nicht darin besteht, die Menschen mit angemessenen, nahrhaften Lebensmitteln zu versorgen, sondern darin, Gewinne für große Agrarunternehmen, Supermarktketten und andere transnationale Lebensmittelkonzerne zu erzielen.

Wenn wir die Welt wirklich ernähren wollen, müssen wir so bald wie möglich damit beginnen, unsere Lebensmittelsysteme zu lokalisieren. In einem Bericht des Ausschusses für Handel und Entwicklung der Vereinten Nationen aus dem Jahr 2013 heißt es: »Die Abhängigkeit von den internationalen Märkten zur Deckung des Bedarfs an Grundnahrungsmitteln bei gleichzeitiger Spezialisierung auf die Produktion und den Export von ›lukrativen‹ Nutzpflanzen hat in letzter Zeit nicht die gewünschten Ergebnisse gebracht.«[5] Die 60 internationalen Experten, die an dem Bericht mitgewirkt haben, empfehlen einen Ansatz für die Nahrungsmittelproduktion, der Kleinbauern, landwirtschaftliche Vielfalt und Eigenständigkeit unterstützt. Dies würde nicht nur dazu beitragen, Armut und Hunger zu lindern, sondern auch insgesamt mehr Nahrungsmittel produzieren, so ihre Argumentation. Das liegt daran, dass kleinbäuerliche, diversifizierte Betriebe eine höhere Gesamtproduktion pro Flächeneinheit aufweisen als großflächige Monokulturen, wie Studien aus aller Welt zeigen. In Kenia zum Beispiel fanden Forscher heraus, dass sich die landwirtschaftliche Produktion des Landes verdoppeln würde, wenn alle einheimischen Betriebe die gleiche Produktivität wie die kleinsten hätten.[6] Leider werden kenianische Farmen immer noch von ausländischen Konzernen übernommen, zusammengelegt und in riesige Monokulturen für den Export verwandelt.

■ Ist der faire Handel nicht die Lösung?

Jeder internationale Handel muss fair sein. Die heutigen Standards für den fairen Handel können eine Orientierungshilfe sein, aber der

Schwerpunkt sollte auf der Produktion für den lokalen Bedarf und nicht für den Export liegen. Selbst unter fairen Handelsbedingungen bedeutet die Abhängigkeit von ausländischen Märkten für die Erzeuger eine prekäre Existenz. Den Ländern im Norden wie im Süden würde es viel besser gehen, wenn sie ihre natürlichen Ressourcen schützen und erhalten könnten und die Unterstützung nationaler und lokaler Unternehmen, die den lokalen Bedarf decken, Vorrang hätte.

■ Bedeutet Lokalisierung nicht, in die Vergangenheit zurückzukehren?

Im modernen Diskurs wird die Vergangenheit oft als etwas betrachtet, das wir hinter uns lassen müssen, während wir einer glänzenden, hochtechnologischen Zukunft entgegeneilen. Die Lokalisierungsbewegung plädiert nicht für eine Rückkehr zu einer idealisierten Vergangenheit, aber sie zieht wichtige Lehren aus der Geschichte der landgebundenen Kulturen und aus der Geschichte ihres Untergangs.

Dies ist ein wichtiges Thema, auf das wir später in diesem Buch zurückkommen werden. Doch zunächst – nachdem wir uns sowohl mit globalisierten als auch mit lokalisierten Wirtschaftssystemen vertraut gemacht haben – ist es an der Zeit, sich eingehender mit den strukturellen Triebkräften und Auswirkungen der Globalisierung zu befassen.

9

GLOBALISIERUNG ZUM ZWEITEN

In diesem Buch wird dargelegt, dass die schwerwiegendsten Probleme, mit denen wir konfrontiert sind, – ökologische, soziale, wirtschaftliche und sogar psychologische – alle auf dieselbe Ursache zurückzuführen sind: eine außer Kontrolle geratene Weltwirtschaft. Es mag allzu simpel erscheinen, die Globalisierung strukturell für so viele Probleme verantwortlich zu machen, aber das liegt daran, dass das riesige Ausmaß der Wirtschaft es sehr schwierig macht, diese Zusammenhänge zu erkennen. Selbst Regierungsvertreter und Unternehmenslenker sind sich oft nicht bewusst, welche Auswirkungen ihre Entscheidungen auf der anderen Seite der Welt haben. Das gleiche gilt für die meisten von uns: Die Entfernungen zwischen Erzeugern und Verbrauchern sind so groß geworden, dass es fast unmöglich geworden ist, ethische Entscheidungen zu treffen. Ein Fisch, der in einem kalifornischen Restaurant serviert wird, wurde möglicherweise illegal auf einem thailändischen Fischereischiff gefangen, das mit Sklaven besetzt war. Ein in Deutschland gekauftes T-Shirt kann in einem Ausbeuterbetrieb in Bangladesch genäht worden sein, wo die Arbeiter unter unsicheren Bedingungen zu Hungerlöhnen schufteten. Der steigende Konsum der indischen Mittelschicht trägt möglicherweise zu einem Klimachaos bei, das Tausende von Meilen entfernt ist. Mit anderen Worten: Es ist, als hätten wir Arme, die so lang geworden sind, dass wir nicht mehr sehen können, was unsere Hände tun.

Dieses Kapitel befasst sich mit den Triebkräften der Globalisierung und ihren strukturellen Auswirkungen und erklärt, wie das Wirtschaftssystem so zerstörerisch geworden ist.

Deregulierung des Handels

Eines der ersten modernen Handelsabkommen, das Allgemeine Zoll- und Handelsabkommen (GATT), wurde nach dem Zweiten Weltkrieg mit dem ausdrücklichen Ziel gegründet, Zölle und andere so genannte »Handelshemmnisse« abzubauen. Ab den 1990er-Jahren nahm die Zahl der Handelsabkommen sprunghaft zu. Das Jahr 1994 war ein Wendepunkt: Das Nordamerikanische Freihandelsabkommen (NAFTA) trat in Kraft, und die Welthandelsorganisation (WTO), die supranationale Institution, die heute den globalen Handel regelt, wurde gegründet. Seitdem sind buchstäblich Tausende von regionalen und bilateralen Handels- und Investitionsabkommen ratifiziert worden.

Allen diesen Verträgen ist gemeinsam, dass sie Konzernen und ausländischen Investoren die Freiheit geben, sich auf der Suche nach Subventionen, billigen Arbeitskräften und Ressourcen, niedrigen Steuern und laxen Umwelt- und Sozialschutzmaßnahmen in die nationalen Volkswirtschaften hinein- und herauszubewegen.

Deregulierungsverträge ermöglichen es Unternehmen und Banken auch, sich aktiv für die Beseitigung von Regulierungsmaßnahmen einzusetzen, die sie nicht mögen. Sie können dies tun, indem sie diese Maßnahmen als Handels- oder Investitionshindernisse anfechten. Wie ich bereits erwähnt habe, enthalten viele »Freihandels«-Verträge Investor-Staat-Streitbeilegungsklauseln (ISDS), die Unternehmen das Recht geben, Regierungen zu verklagen, wenn sie glauben, dass Vorschriften ihre erwarteten Gewinne schmälern werden.

Die Zahl der ISDS-Fälle ist seit Mitte der 1990er-Jahre, als die ersten modernen »Freihandels«-Verträge unterzeichnet wurden, dramatisch angestiegen. Bis Juli 2017 belief sich die Zahl der Streitfälle auf insgesamt 817, wobei allein im Jahr 2016 69 neue Fälle eingereicht wurden. Von den abgeschlossenen Fällen wurden 25 Prozent zugunsten der Investoren entschieden, 33 Prozent zugunsten der Staaten, und der Rest wurde beigelegt oder eingestellt.[1] Zu den jüngsten symbolträchtigen Investor-Staat-Streitfällen gehören:[2]

■ Unternehmen gegen öffentliche Gesundheit: Philip Morris vs. Uruguay und Australien

Der US-Tabakriese Philip Morris hat Uruguay und Australien wegen ihrer Anti-Raucher-Gesetze verklagt. Das Unternehmen argumentierte, dass Warnhinweise auf Zigarettenschachteln es daran hinderten, seine Marke wirksam zu präsentieren, was zu einem erheblichen Verlust von Marktanteilen geführt habe.

■ Konzerne gegen Umweltschutz: Vattenfall vs. Deutschland

2012 reichte der schwedische Energieriese Vattenfall eine Investor-Staat-Klage gegen Deutschland ein und forderte 3,7 Milliarden Euro Entschädigung für entgangene Gewinne im Zusammenhang mit zwei seiner Kernkraftwerke. Der Fall folgte auf die Entscheidung der deutschen Regierung, nach der Nuklearkatastrophe von Fukushima aus der Kernenergie auszusteigen.

■ Unternehmen gegen staatliche Reaktion auf die Finanzkrise: Versorgungsunternehmen vs. Argentinien

Als Argentinien als Reaktion auf die Finanzkrise 2001 – 2002 die Stromtarife einfror und seine Währung abwertete, wurde das Land von über 40 Klagen von Unternehmen wie CMS Energy (USA) und den Wasserversorgern Suez und Vivendi (Frankreich) getroffen. Ende 2008 beliefen sich die Urteile gegen das Land auf insgesamt mehr als eine Milliarde US-Dollar.

■ Konzerne gegen Umweltschutz: Lone Pine vs. Kanada

Auf der Grundlage des Nordamerikanischen Freihandelsabkommens (NAFTA) forderte das US-Unternehmen Lone Pine Resources Inc. von Kanada eine Entschädigung in Höhe von 250 Millionen US-Dollar.

Das »Verbrechen«? Die Provinz Quebec hat ein Moratorium für Fracking verhängt, weil sie Bedenken wegen der Umweltrisiken dieser Technologie hat.

■ Unternehmen gegen öffentliche Gesundheit: Achmea vs. Slowakei

Ende 2012 gewährte die Slowakei dem niederländischen Versicherer Achmea (ehemals Eureko) eine Entschädigung in Höhe von 22 Mio. EUR, weil die slowakische Regierung die Privatisierungspolitik der Vorgängerregierung rückgängig gemacht und Krankenversicherungen verpflichtet hatte, auf gemeinnütziger Basis zu arbeiten.

■ Unternehmen gegen demokratischer Prozess: Gabriel Resources vs. Rumänien

Das rumänische Parlament weigerte sich, ein Gesetz zu verabschieden, das es einem kanadischen Bergbauunternehmen erlaubt hätte, eine Goldmine im Tagebau in der Nähe des Dorfes Rosia Montana zu betreiben. Daraufhin verklagte das Unternehmen Rumänien auf 4,4 Milliarden Dollar – die »entgangenen Gewinne«, die es sich von der Mine versprach.

Aufgrund internationaler Handelsverträge, die in den letzten Jahrzehnten unterzeichnet und ratifiziert wurden, sind die meisten Länder heute in Abkommen eingebunden, die sie dazu zwingen, den Forderungen großer Unternehmen und Banken nachzugeben oder sich auf kostspielige Rechtsstreitigkeiten einzulassen, die vor geheimen, unternehmensfreundlichen Schiedsgerichten außerhalb ihrer eigenen Gerichtsbarkeit ausgetragen werden – eine Bedrohung für eine faire und transparente Regierungsführung und eine Gefahr für die Demokratie selbst.

Exponentielles Wachstum des Welthandels

Handel ist eine Tätigkeit, die Menschen und Nationen seit Jahrtausenden ausüben. In der Vergangenheit war der Fernhandel für die meisten Gesellschaften jedoch zweitrangig: Das vorrangige wirtschaftliche Ziel bestand darin, die Bedürfnisse der Menschen mit den Ressourcen zu befriedigen, die innerhalb relativ kurzer Entfernungen verfügbar waren. Erst wenn der Grundbedarf lokal gedeckt war, stellte sich die Frage nach dem Handel mit Produktionsüberschüssen mit Außenstehenden.

Heute jedoch wird der internationale Handel als Selbstzweck verfolgt. Dieser moderne Schwerpunkt lässt sich auf die Theorie des komparativen Vorteils des politischen Ökonomen David Ricardo zurückführen, die 1817 veröffentlicht wurde. Er vertrat die Ansicht, dass Nationen besser dastehen, wenn sie ihre Produktion auf Bereiche spezialisieren, in denen sie überragende Leistungen erbringen, und dann ihre Überschüsse gegen Waren eintauschen, die sie benötigen, aber nicht mehr produzieren.[3] Obwohl das vermeintliche Ziel die Steigerung der Effizienz ist, ist das Ergebnis ein höchst *ineffizientes* und verschwenderisches System. Da jedoch die meisten sozialen und ökologischen Kosten »externalisiert«, d.h. auf die Steuerzahler oder die Umwelt abgewälzt werden, sind die Mängel der Theorie nicht sofort erkennbar.[4]

In dem Irrglauben, dass Handel immer gut ist und dass mehr Handel immer besser ist, investieren Regierungen massiv in handelsbezogene Infrastrukturen, unterzeichnen Handelsverträge, die ihre Volkswirtschaften für Investitionen von außen öffnen, und heben Gesetze und Vorschriften auf, die dem Schutz nationaler und lokaler Unternehmen, Arbeitsplätze und Ressourcen dienen.

Ganze Volkswirtschaften werden vom Handel abhängig, was sich auf alle Lebensbereiche auswirkt. Die Auswirkungen auf Lebensmittel – jene Produkte, die Menschen überall auf der Welt täglich benötigen – sind besonders aufschlussreich. Heute kann man in den Apfelanbaugebieten Europas und Nordamerikas Äpfel finden, die aus Neuseeland verschifft werden. Wer an der spanischen Zitrusküste einkauft, findet in den Regalen der Supermärkte Zitronen aus Argentinien, während die guten einheimischen Zitronen vor sich hin faulen.[5] In der Mongolei – einem Land, in dem es zehnmal so viele milchproduzierende Tiere wie Menschen gibt – gibt es in den Geschäften mehr europäische Milchprodukte als einheimische.[6]

In einer Zeit, in der der Klimawandel unaufhaltsam voranschreitet und die fossilen Brennstoffe zur Neige gehen, ist diese Art von verschwenderischem Handel – der die Bemühungen wohlmeinender Einzelpersonen, ihren persönlichen CO_2-Fußabdruck zu verringern, weit in den Schatten stellt – geradezu ein Wahnsinn. Welchen Nutzen hat der Transport von Lebensmitteln oder anderen grundlegenden Gütern über so weite Entfernungen, wenn sie auch vor Ort produziert werden können (und seit Jahrhunderten produziert werden)? Wie können diese Regelungen als wirtschaftlich »effizient« bezeichnet werden? Wie wir sehen werden, begünstigt dieser exzessive Handel Großkonzerne und Spekulanten auf Kosten der Mehrheit der Bevölkerung. Und es ist nicht Effizienz, sondern eine breite Palette von Subventionen und ignorierten Kosten, die das alles möglich machen.

Direkte Subventionen

Befürworter der Globalisierung verweisen auf die niedrigeren Kosten vieler weltweit gehandelter Waren als Beweis für wirtschaftliche Effizienz. Ein genauer Blick auf die Art und Weise, wie die Weltwirtschaft subventioniert wird, entkräftet dieses Argument jedoch. Die Regierungen fördern den Handel nicht nur durch internationale Verträge, sondern auch, indem sie Hunderte von Milliarden Dollar an direkten Subventionen für den Handelssektor ihrer Volkswirtschaften in Form von Steuererleichterungen, Marktzugangsprogrammen, Produktionssubventionen, Kreditbürgschaften und vielem mehr bereitstellen. Hier nur einige Beispiele für die zahllosen direkten Subventionen, von denen Unternehmen profitieren:

- In den USA stellt das Market Access Program jährlich etwa 200 Millionen Dollar für Unternehmen und Handelsverbände bereit, um die internationalen Märkte für Produkte von Welch's Traubensaft und Blue Diamond Mandeln bis hin zu Bier, Spirituosen, Schokoriegeln und Tiernahrung zu erweitern.[7]

- Die Export-Import-Bank, eine Behörde der US-Regierung, vergibt Kredite und Kreditbürgschaften an internationale Käufer von US-Waren und -Dienstleistungen. Von den 6,9 Milliarden Dollar an Direktkrediten, die die Behörde 2013 vergeben hat, waren 81 Prozent für Käufe von nur fünf Firmen bestimmt, darunter Bechtel und General Electric; 65 Prozent der 12,2 Milliarden Dollar an Kreditbürgschaften der Bank unterstützten Exporte von nur einem Unternehmen: Boeing.[8]
- Regierungen gewähren häufig direkte produktionsbezogene Subventionen für Waren, die für Exportmärkte bestimmt sind. Nach Angaben der Environmental Working Group hat die US-Regierung von 1995 bis 2017 schätzungsweise 205 Milliarden US-Dollar für die Förderung einer kleinen Auswahl von Grundnahrungsmitteln (Mais, Baumwolle, Reis, Weizen und Sojabohnen) ausgegeben, die auf großen Monokulturbetrieben angebaut und auf weit entfernte nationale oder internationale Märkte geliefert wurden. Während die meisten dieser Subventionen, nämlich 77 Prozent, an die größten zehn Prozent der industriellen Agrarunternehmen gingen, erhielt die Mehrheit der kleinen, diversifizierten Betriebe – die sich in erster Linie auf die Deckung des lokalen Bedarfs konzentrieren – überhaupt keine Subventionen.[9] Das EU-Agrarsubventionsprogramm, das Teil der *Gemeinsamen Agrarpolitik* ist, hat ebenfalls große industrielle Betriebe und exportorientierte Agrarunternehmen gegenüber kleinen lokalen Erzeugern begünstigt.
- In Kapitel 2 wurden einige milliardenschwere Subventionen für einzelne Großunternehmen beschrieben. Die Watchdog-Gruppe Good Jobs First zählte 393 Beispiele für solche »Megadeals« auf, bei denen lokale und bundesstaatliche Regierungen in den USA 50 Millionen Dollar oder mehr pro Unternehmen für die Ansiedlung in ihrem Gebiet bereitstellten. Auf der Liste der Empfänger stehen viele bekannte transnationale Konzerne, darunter Exxon-Mobil, Royal Dutch Shell, Citigroup, Goldman Sachs, Walt Disney, General Electric, Dow Chemical, Amazon, Apple, Intel und Samsung.[10]

Walmart hat allein in den USA mehr als eine Milliarde Dollar an staatlichen Wirtschaftsförderungsgeldern erhalten.[11]

- In schwierigen Zeiten machen Regierungen oft einen Rückzieher, um große Unternehmen zu unterstützen. Nach der Finanzkrise von 2008 erhielten riesige Unternehmen (insbesondere große Finanzinstitute) umfangreiche staatliche Unterstützung in Form von billigen Krediten, während Banken und kleine Unternehmen auf der Strecke blieben. Insgesamt stellte die US-Notenbank schätzungsweise 4,7 bis 29 Billionen Dollar zur Verfügung, um Banken im ganzen Land zu retten, darunter auch einige der größten – JP Morgan Chase, Citigroup und Goldman Sachs –, obwohl diese Unternehmen unmittelbar zur Destabilisierung des Finanzsystems beigetragen haben.[12]

Indirekte Subventionen

Die Regierungen gewähren auch *indirekte* oder *versteckte* Subventionen für große Unternehmen. Indem sie beispielsweise die Kosten für den Ferntransport senken, subventionieren sie indirekt den Welthandel und tragen dazu bei, das energieintensive System der Massenproduktion für den Massenkonsum zu stützen, das die Globalisierung auf der ganzen Welt verbreitet hat.

Zu den indirekten Subventionen gehören auch staatliche Investitionen in die Infrastrukturen, die eine handelsbasierte Wirtschaft benötigt. Zu diesen vom Steuerzahler unterstützten Infrastrukturen gehören:

- Fernverkehrsnetze – mehrspurige Autobahnen und Schnellstraßen, Schiffsterminals, Flughäfen, Hochgeschwindigkeitszüge, Containeranlagen, freie Exportzonen usw.;
- Energieinfrastruktur – große, zentralisierte Elektrizitätswerke (einschließlich Kernkraftwerke und riesige Wasserkraftwerke), Erdölanlagen, Gas- und Teerölpipelines usw.;
- Hochgeschwindigkeitskommunikations- und Informationsnetze – Satelliten, Mobilfunknetze, Fernsehen, Radio und Internet;

- Forschungs- und Entwicklungseinrichtungen – Einrichtungen, die arbeitsplatzverlagernde Technologien für Industrie und Landwirtschaft sowie Technologien zur Erweiterung und Modernisierung der physischen Infrastrukturen zur Unterstützung der globalen Wirtschaft entwickeln.

Obwohl auch kleine Unternehmen und die Allgemeinheit einen Großteil dieser Infrastruktur nutzen, profitieren transnationale Konzerne und ihre globalen Lieferketten unverhältnismäßig stark von ihr. Es überrascht daher nicht, dass die Staats- und Regierungschefs der 20 größten Volkswirtschaften der Welt 2014 die *Globale Infrastrukturinitiative* der G20 ins Leben riefen und Billionen von Dollar zur Finanzierung dieses massiven Infrastrukturausbaus zusagten – eine Ankündigung, die viele Umweltschützer beunruhigte, die am globalen Handel beteiligten Konzerne jedoch erfreute.[13]

Eine weitere Art von versteckter Subvention betrifft die negativen Auswirkungen wirtschaftlicher Tätigkeit – beispielsweise die gesundheitlichen Folgen der Umweltverschmutzung oder die durch den Klimawandel verursachten Schäden. Diese Kosten werden fast nie von den Unternehmensgewinnen abgezogen; stattdessen werden diese »externalisierten« Kosten von der Gesellschaft und der natürlichen Welt bezahlt, was einer versteckten Subvention gleichkommt, die die Unternehmensgewinne künstlich aufbläht. Der Journalist Jeff Spross kommentierte einen Bericht, aus dem hervorgeht, dass die Industrie das Naturkapital des Planeten (Wälder, Böden, Fischerei, Mangroven, Ökosystemleistungen usw.) mit einer Rate von fast 7,3 Billionen Dollar pro Jahr verbraucht: »Mit anderen Worten, ein Großteil der Weltwirtschaft ist ein gigantisches Schneeballsystem, das (vorübergehend) nur deshalb lebensfähig ist, weil die Märkte den Wert und die Nutzung der natürlichen Ökologie nicht berücksichtigen – von der die Zivilisation für ihre Ernten, ihr Wasser, ihre Luft und ihren Lebensunterhalt abhängig ist.«[14]

Aufgrund dieses Systems direkter und indirekter Subventionen kann der Preis von Waren, die um die halbe Welt transportiert werden, im Vergleich zu Waren, die nebenan produziert werden, künstlich billig erscheinen. Als ich in Spanien lebte, stellte ich zum Beispiel fest, dass Knoblauch, der den ganzen Weg aus China transportiert wurde, nur halb so viel kostete wie der vor Ort angebaute Knoblauch. Das lag vor allem daran, dass sich weder die mit dem Transport verbundene Umweltverschmutzung noch die Kosten für die erforderliche Transportinfrastruktur im Preis niederschlugen. Diese Subventionen, deren soziale und ökologische Kosten nicht berücksichtigt werden, verzerren die Preise auf dem Markt in kaum vorstellbarer Weise. Betrachten Sie die folgenden Beispiele:

- Die von den Großproduzenten und dem internationalen Handel benötigte Energie aus fossilen Brennstoffen wird stark subventioniert. Laut einer IWF-Studie belaufen sich die weltweiten Subventionen für fossile Brennstoffe auf schwindelerregende 5,3 Billionen Dollar pro Jahr – das entspricht zehn Millionen Dollar pro *Minute*.[15]
- Einer Analyse zufolge beliefen sich die weltweiten Infrastrukturinvestitionen zwischen 1995 und 2013 auf rund 36 Billionen US-Dollar, wovon ein Großteil öffentlich finanziert wurde. Derselbe Bericht kam zu dem Schluss, dass zwischen 2013 und 2030 Infrastrukturinvestitionen in Höhe von schätzungsweise 57 Billionen US-Dollar erforderlich sein werden, um das weltweite Wirtschaftswachstum aufrechtzuerhalten, einschließlich Investitionen in Straßen, Schienen, Häfen, Flughäfen, Wasser, Strom und Telekommunikation.[16]
- Eine 2010 im Auftrag der Vereinten Nationen durchgeführte Studie schätzte die gesamten auf die Umwelt ausgelagerten Kosten der 3.000 größten Unternehmen der Welt im Jahr 2008 auf 2,2 Billionen Dollar, »eine Zahl, die größer ist als die Volkswirtschaften einzelner Länder in jedem Jahr«.[17]
- Eine Studie aus dem Jahr 2014 schätzt, dass die gesamten ignorierten ökologischen Kosten menschlicher Aktivitäten zwischen 4,3 und 20,2 Billionen Dollar pro Jahr liegen! Zum Vergleich: Der jährliche Gesamtwert der US-Wirtschaft liegt bei 16 bis 17 Billionen Dollar, während die Weltwirtschaft etwa 70 Billionen Dollar pro Jahr aus-

macht. Derselben Studie zufolge beläuft sich der Nutzen, den die Menschheit aus den natürlichen Ökosystemen der Welt – Grasland, Sümpfen, Korallenriffen, Wäldern usw. – zieht, auf schätzungsweise 143 Billionen Dollar pro Jahr.[18]

- Eine Studie aus dem Jahr 2013 über den Klimawandel – die vielleicht größte externe Auswirkung von allen – ergab, dass »nur 90 Unternehmen für die Gewinnung der meisten fossilen Brennstoffe verantwortlich sind, die in den letzten 150 Jahren verbrannt wurden. Zu diesen ›Carbon Majors‹ gehören 50 Unternehmen im Besitz von Investoren, etwa Texaco und Exxon-Mobil, 31 staatliche Unternehmen, etwa Saudi Aramco und Pemex, und neun staatlich geführte Industrien in der ehemaligen Sowjetunion, China und anderen Ländern. Die Emissionen aus der Verbrennung dieser Brennstoffe machen fast zwei Drittel des gesamten Kohlenstoffs aus, der während des Industriezeitalters in die Atmosphäre gelangt ist.«[19]
- In gewissem Sinne wurde die heutige globalisierte Wirtschaft in den letzten 500 Jahren von den Ländern des Südens subventioniert, auf Kosten ihrer Kultur, ihres Landes und ihrer Wirtschaft. Die jahrhundertelange Vorherrschaft der westlichen Industrieländer wäre ohne den fortwährenden Zugang zu den Rohstoffen, Märkten und Arbeitskräften des Südens – einschließlich der Sklavenarbeit – niemals möglich gewesen. Obwohl die wahren Kosten des Sklavenhandels nicht zu berechnen sind, reichen die Forderungen nach Entschädigungen von Dutzenden bis zu Hunderten von Billionen Dollar.[20]

Deregulierung der Großbanken und Finanzinstitute

Die Deregulierung des Finanzsektors hatte in vielen Ländern bereits in den 1970er-Jahren begonnen, beschleunigte sich jedoch 1999 dramatisch, als 70 WTO-Mitgliedsländer, die mehr als 95 Prozent des weltweiten Finanzdienstleistungssektors repräsentieren, sich darauf einigten, »bestehende Beschränkungen für ausländische Beteiligungen im Finanzsektor, einschließlich Banken, Wertpapiere und Versicherungen, zu beseitigen oder zu lockern«.[21] Bestimmungen zur Deregulierung von Finanzdienstleistungen wurden in Hunderte von bilateralen und regionalen Handelsabkommen aufgenommen, die seitdem unterzeichnet wurden.

Da die Anleger auf der Suche nach höheren Gewinnen ihr Kapital immer freier in der ganzen Welt bewegen konnten, lockerten Finanzzentren wie New York City, London, Frankfurt und Singapur ihre aufsichtsrechtlichen Bestimmungen immer weiter, um Finanzkapital anzuziehen. Es entstanden neue Märkte und komplizierte Finanzinstrumente, die zu einem explosionsartigen Anstieg der Gewinne von Banken und Finanzinstituten, aber auch zu einer erhöhten Instabilität des gesamten Finanzsystems beitrugen.

Es überrascht nicht, dass die Deregulierung zu einer Zunahme der Häufigkeit und Schwere von Finanzkrisen geführt hat. Mit massiven Kapitalströmen, die auf Knopfdruck schnell in Länder hinein- und wieder abfließen können, können ganze Volkswirtschaften schnell destabilisiert werden, was zu einer Welle von Arbeitslosigkeit und wirtschaftlicher Not führt. Volatile Kapitalströme trugen zu Wirtschaftskrisen in Mexiko (1994), der Türkei (1994 und 2001), Südostasien (1997), Argentinien (2001) und der globalen Finanzkrise von 2008 bei. Und mit der zunehmenden Verflechtung der Volkswirtschaften wurden Finanzkrisen immer ansteckender und breiteten sich schnell von einem Land zum anderen aus.

Ein weiterer Grund für die Volatilität des globalen Finanzsystems ist die Tatsache, dass ein großer Teil des darin zirkulierenden Geldes »Phantomvermögen« ist. Der Autor David Korten definiert es als »finanzielle Vermögenswerte, die wie von Geisterhand durch Buchungen und das Aufblähen von Vermögensblasen auftauchen oder verschwinden, ohne dass etwas von realem Wert oder Nutzen geschaffen wird«.[22]

Ein großer Teil dieses Phantomvermögens wurde von deregulierten Banken durch Schuldenpyramiden geschaffen, bei denen Vermögensblasen Phantomsicherheiten schaffen, die zur Unterstützung weiterer Kreditaufnahmen verwendet werden können. Die Banken sind verpflichtet, nur einen kleinen Teil der Einlagen als Rücklagen zu behalten und den Rest für Kredite und spekulative Unternehmungen zu verwenden. In den letzten Jahrzehnten der finanziellen Deregulierung wurden die Mindestreserveanforderungen der Banken so weit gesenkt, dass etwa 97 Prozent des heute in der Wirtschaft zirkulierenden Geldes – die digitalen Impulse, die Milliarden und Billionen von Dollar entsprechen – durch nichts anderes als Schulden gedeckt sind.[23] Jedes Mal, wenn eine Bank einen Kredit vergibt, wurde Geld »geschaffen« – Geld, das mit Zinsen an die Bank zurückgezahlt werden muss. Private Banken haben faktisch eine Lizenz zum Gelddrucken.

Das meiste dieser ständig wachsenden Geldmenge wird nicht zur Deckung der tatsächlichen Bedürfnisse der Gemeinschaften verwendet, sondern dient nur dazu, möglichst hohe und schnelle Renditen zu erzielen. Ein Großteil des Geldes wird für rein spekulative Zwecke verwendet: um noch mehr Geld zu verdienen.

Im Zusammenhang mit der zunehmenden Finanzintegration und Deregulierung sind eine Vielzahl neuer Finanzinstrumente entstanden. Eines der gebräuchlichsten ist das Derivat, dessen Wert auf noch anderen Finanzinstrumenten wie Immobilienkrediten, Warentermingeschäften, Börsenindizes oder Währungsbewertungen beruht. Derivate erlangten aufgrund ihrer Rolle in der Finanzkrise von 2008 große Aufmerksamkeit: hypothekarisch gesicherte Wertpapiere, Collateralized Debt Obligations und Credit Default Swaps waren alle darin verwickelt.

Die Lektionen von 2008 scheinen vergessen zu sein. Der globale Wert von Derivaten wurde 2018 auf 595 Billionen US-Dollar geschätzt, das ist mehr als das Sechsfache des gesamten jährlichen BIP der Welt.[24] Der enorm komplexe und undurchsichtige Derivatemarkt ist nach wie vor weitgehend unreguliert und macht das gesamte System weiterhin höchst instabil, weshalb Warren Buffett diese Instrumente als »finanzielle Massenvernichtungswaffen« bezeichnet hat.[25]

Die Verschuldung als Hebel für riesige Spekulationsgeschäfte auf den Finanz- und Aktienmärkten – eine weitere Ursache für den globalen Finanzzusammenbruch von 2008 – ist nach wie vor ein zentrales Merkmal der Weltwirtschaft. In einem Bericht des McKinsey Global Institute aus dem Jahr 2015 heißt es: »Sieben Jahre nach dem Platzen einer globalen Kreditblase, die zur schlimmsten Finanzkrise seit der Großen Depression führte, nimmt die Verschuldung weiter zu. Anstatt die Verschuldung zu reduzieren oder Schulden abzubauen, haben alle großen Volkswirtschaften heute eine höhere Verschuldung im Verhältnis zum BIP als 2007. Die weltweite Verschuldung ist in diesen Jahren um 57 Billionen Dollar gestiegen.«[26] Das Problem hat sich weiter verschärft: Allein im ersten Quartal 2018 stieg die Verschuldung um acht Billionen Dollar auf unvorstellbare 247 Billionen Dollar.[27]

Die Deregulierung der Finanzmärkte hat auch zu einer dramatischen Zunahme der Ungleichheit sowohl innerhalb eines Landes als auch zwischen den Ländern beigetragen. Massive spekulative Wetten auf Wechselkurse können dazu führen, dass der Wert der nationalen Währungen über Nacht abstürzt – was eine Handvoll Investoren bereichert, aber die Mehrheit in echte Not bringt. Auch auf den Rohstoffmärkten ist ein hoher Anteil des Handels spekulativ, ohne dass tatsächlich physische Waren gehandelt werden. Doch die Auswirkungen der Spekulation sind nur allzu real: Wetten auf Agrarrohstoffe können dazu führen, dass deren Preise einbrechen und Landwirte in den Bankrott, oder dass sie in die Höhe schnellen und Millionen von Menschen in den Hunger getrieben werden. Letzteres geschah im Jahr 2008, als in vielen Entwicklungsländern Lebensmittelunruhen ausbrachen.[28]

Trotz einer kurzen Unterbrechung nach der Finanzkrise 2008 sind die Aktienmärkte, die Gewinne des Finanzsektors und die Boni an der Wall Street in die Höhe geschnellt, während die Löhne für normale Arbeitnehmer auf dem Niveau der 1970er-Jahre stagnieren. Wie zwei Wissenschaftler kürzlich in Bezug auf die USA feststellten, ist »der Aufstieg des Finanzsektors eine der treibenden Kräfte hinter der wachsenden Einkommensungleichheit und der Konzentration der Einkommen an der Spitze«.[29]

In der Zwischenzeit schafft das System der ständig wachsenden zinspflichtigen Schulden einen strukturellen Zwang zu weiterem Wirtschaftswachstum, um die nächste Finanzkrise zu verhindern, – obwohl die ökologische Zerstörung durch das endlose Wachstum inzwischen die Biosphäre selbst bedroht. Dies ist zweifellos ein System, das Amok läuft.

Verschuldung, Strukturanpassung und Austerität

Der Entwicklungsprozess erfordert Energie-, Verkehrs- und andere Infrastrukturen, die auf eine exportorientierte Industrie und Landwirtschaft ausgerichtet sind. Die Entwicklungsländer müssen enorme Kapitalmengen aufnehmen, um diese Infrastruktur aufzubauen, und wenn die Preise für ihre Exporte sinken, sind sie möglicherweise nicht mehr in der Lage, ihre Kredite zurückzuzahlen. Sie werden dann unter Druck gesetzt, »Strukturanpassungsprogramme« durchzuführen, um ihre internationale »Wettbewerbsfähigkeit« zu verbessern – die Voraussetzung für weitere Kredite. Dies bedeutet, dass die Sozialausgaben gekürzt, das Land für Investitionen von außen geöffnet und noch mehr Mittel für handelsbezogene Infrastrukturen bereitgestellt werden.

Die Kreditvergabe der Weltbank und des IWF an die Länder des Südens wird in der Regel an solche Programme geknüpft, und die große Mehrheit dieser Länder hat sich ihnen unterworfen. Die kontinuierlichen Kreditrückzahlungen, deren Zinsen allein einen großen Prozentsatz des Jahreshaushalts eines Landes ausmachen können, erfordern Überschüsse, die nur durch den Handel mit natürlichen Ressourcen oder einem erheblichen Teil der nationalen Produktion erzielt werden können.

Selbst die »reichen« Länder des Nordens sind dank der Globalisierung in Schulden und Abhängigkeiten verstrickt. Transnationale

Konzerne sind zunehmend in der Lage, mit den Regierungen über niedrigere Steuersätze und höhere Subventionen zu verhandeln, indem sie damit drohen, ihre Aktivitäten ins Ausland zu verlagern. Gleichzeitig müssen die Regierungen in ihren knappen Haushalten Geld auftreiben, um die wachsende Zahl der Arbeitslosen zu unterstützen, entlassene Arbeitskräfte umzuschulen, das sich auflösende soziale Gefüge zu flicken und die von den mobilen Konzernen hinterlassenen Umweltschäden zu beseitigen. Die Länder, die gezwungen sind, den Hut vor den internationalen Kreditgebern zu ziehen, geraten leicht in eine Abwärtsspirale, in der die Zinszahlungen einen immer größeren Teil des Staatshaushalts verschlingen. Es ist kein Wunder, dass so viele Regierungen heute darum kämpfen, sich über Wasser zu halten, während die globalen Unternehmen und Banken vor Geld strotzen.

Spanien, Portugal, Griechenland und einige andere Länder haben diese Probleme in den letzten Jahren erlebt. Nicht einmal die Vereinigten Staaten sind dagegen immun: Während der Krise um die Schuldenobergrenze im Jahr 2011 verlor das Land sein erstklassiges Kreditrating, da die Politiker über eine weitere Ausweitung der staatlichen Kreditaufnahme stritten. Nur eine Einigung in letzter Minute, die Schuldenobergrenze anzuheben, verhinderte, dass die USA ihre Kredite nicht mehr bedienen konnten. Zwei Jahre später wiederholte sich die Situation beinahe. Ende 2018 hatte die Staatsverschuldung der USA fast 22 Billionen US-Dollar erreicht.[30]

Für kleinere Länder kann selbst ein kleiner Teil solcher Schulden lähmend sein. Um die Gläubiger zu besänftigen, ergreifen die Regierungen Sparmaßnahmen, die in der Regel zu höherer Arbeitslosigkeit, Kürzungen bei wichtigen Sozialprogrammen und massiven Protesten führen. Es ist unwahrscheinlich, dass sich ihre Situation verbessert, wenn sie sich auf die einzige angebotene »Lösung« einlassen: mehr Schulden und weniger Autonomie.[31]

Die Regeln der Konzerne

Die wirtschaftliche Globalisierung hat den großen Unternehmen einen nie dagewesenen Einfluss auf die Politikgestaltung verschafft. Die Regierungen unterstützen naiv das, was sie für »ihre« transnationalen Konzerne halten, obwohl die Konzerne heute keine Loyalität gegenüber dem Standort zeigen. Ein Teil dieses Wohlwollens gegenüber Großunternehmen mag auf die »Drehtür« zwischen Regierung und Großunternehmen zurückzuführen sein. So ist beispielsweise der Vorsitzende der US-amerikanischen Federal Communications Commission (FCC) aus den Jahren 2001–2005 heute der Chef der wichtigsten Lobbygruppe der Kabelindustrie – eine Position, die der FCC-Vorsitzende von 2013–2016 bereits innehatte.[32] Solche eklatanten Interessenkonflikte sind an der Tagesordnung: Eine Studie aus dem Jahr 2011 ergab, dass 400 ehemalige US-Gesetzgeber und 5.400 ehemalige Kongressmitarbeiter in den vergangenen zehn Jahren Lobbyisten geworden waren.[33]

Die Regierungen behaupten, sie würden die Interessen ihrer Bürger vertreten, wenn sie Handelsverträge aushandeln. In Wirklichkeit arbeiten die Vertreter am Verhandlungstisch jedoch im wesentlichen im Auftrag transnationaler Konzerne. Die Verhandlungen über die Transpazifische Partnerschaft (TPP) fanden hinter verschlossenen Türen statt, und die Öffentlichkeit musste sich auf durchgesickerte Dokumente verlassen, um Informationen über die vorgeschlagenen Bedingungen zu erhalten; in der Zwischenzeit saßen über 600 »Handelsberater« von Unternehmen von Anfang an mit an den Verhandlungstischen.[34]

Auch Wahlkampfspenden spielen eine Rolle. Während der Debatte im US-Senat über das »Fast-Tracking« des TPP haben beispielsweise Mitglieder der US Business Coalition for TPP – der viele der größten Unternehmen des Landes angehören – insgesamt mehr als eine Million Dollar an die Wahlkampfkassen wichtiger Senatoren gespendet. »Heutzutage ist es selten, dass Kongressmitglieder gegen das Geld vorgehen«, sagte Mansur Gidfar, Sprecher der Anti-Korruptionsgruppe Represent.Us. »Sie wissen genau, welche besonderen

Interessen sie bei Laune halten müssen, wenn sie ihre Wiederwahlkampagnen finanzieren oder sich einen zukünftigen Job als Lobbyist sichern wollen.«[35]

Die Hypermobilität transnationaler Konzerne, die Geldschöpfung durch deregulierte Banken und die kuscheligen Beziehungen zwischen Regierung und Großunternehmen haben zusammengenommen zu einer zutiefst undemokratischen globalen Ordnung geführt, deren Auswirkungen auf die Menschen und den Planeten immer gravierender werden.

Dieses riesige und undurchsichtige System kann sich so gewaltig und allumfassend anfühlen, dass wir dazu neigen, zu vergessen, dass die Welt nicht immer so gewesen ist. Obwohl wir natürlich nicht zurück können, können uns die Geschichten der landbasierten indigenen Kulturen zeigen, wie wichtig lokales Wissen und Fähigkeiten für die Nutzung lokaler Ressourcen sind, um eine wirklich nachhaltige Beziehung zur Erde und zueinander wiederherzustellen.

10

DIE VERGANGENHEIT NEU DENKEN

In den Aufzeichnungen von Christoph Kolumbus und in anderen Berichten über die ersten Begegnungen mit indigenen Gesellschaften werden die Ureinwohner gemeinhin als »gesund«, »freundlich«, »großzügig« und »glücklich« beschrieben.[1] Heutzutage wird jedoch jeder, der traditionelle Kulturen in einem solch positiven Licht darstellt, vermutlich der »Romantisierung der Vergangenheit« bezichtigt. Das Leben in der Vormoderne wird heute im allgemeinen als voller Entbehrungen und Härten bei unsicherem Lebensunterhalt, ständiger Schufterei und frühem Tod beschrieben. Doch diese Darstellung der Vergangenheit ist weit irreführender als vermeintlich idealisierte Beschreibungen.

Bei der Schilderung der Vergangenheit neigt die vorherrschende Erzählung dazu, mit den Schrecken des Dickens'schen Londons zu beginnen. Das Leben vor den Einhegungen der Allmende und der Industriellen Revolution, die das soziale Gefüge zerrissen hat, das die Lebensweise auf dem Lande trug, wird fast nie erwähnt. Das Leben in London zu dieser Zeit war in der Tat brutal, mit entsetzlicher Ausbeutung von Mensch und Natur. Daran denken wir in der Regel, wenn wir sagen, dass das heutige Leben eine enorme Verbesserung gegenüber der »Vergangenheit« darstellt.

Aber einige wenige Gebiete mit einheimischen, landgebundenen Lebensformen haben bis in die Neuzeit überdauert, und diese bieten einen genaueren Einblick in die Merkmale einer lokalisierten Kultur und Wirtschaft. Wie bereits beschrieben, hatte ich das Privileg, eine solche Kultur – Ladakh – kennenzulernen, als sie noch weitgehend unbeeinflusst von der globalen Wirtschaft war und ihre traditionellen Werte und Strukturen noch intakt waren. Diese Erfahrung vermittelte mir eine fast einzigartige Perspektive auf ortsgebundene Kulturen, die meiner Meinung nach für die Suche nach gesünderen und nachhaltigeren Lebensweisen von großer Bedeutung ist.

Geschützt durch hohe Bergpässe war Ladakh von den Auswirkungen des Kolonialismus und bis vor kurzem auch von der Entwicklung verschont geblieben. Als ich 1975 in Ladakh ankam, funktionierten die traditionelle, gemeinschaftsbasierte Kultur und Wirtschaft noch gut.

Es dauerte nicht lange, bis ich erkannte, dass es den Ladakhis in dieser rauen und kargen Hochgebirgsumgebung tatsächlich *gut ging*. Sie hatten wenig Geld, aber es gab keinen Hunger, keine Armut, keine Arbeitslosigkeit und keine Obdachlosigkeit – die meisten Menschen lebten sogar in geräumigen Häusern auf ihrem eigenen Land. Kinder und ältere Menschen leisteten einen geschätzten Beitrag zur Gesellschaft, und Frauen hatten einen bemerkenswert hohen Status. Obwohl die Ladakhis nur über Tierkraft und einfache Werkzeuge verfügten – und eine sehr kurze Vegetationsperiode hatten, in der sie all ihre Nahrungsmittel selbst produzieren mussten – hatten sie mehr Freizeit als die meisten Menschen im Westen.

Am wichtigsten ist, dass die Ladakhis eine unglaubliche, aktive *Lebensfreude an den Tag* legten. Nachdem ich viele Jahre mit ihnen gelebt hatte, wurde mir klar, dass sie einfach nicht unter unseren Neurosen litten – sie fühlten sich wirklich wohl und waren glücklich.

Doch wie ich bereits beschrieben habe, wurde Ladakh in weniger als einer Generation durch die globale Wirtschaft dramatisch verändert. Die Entwicklung demontierte die lokale Wirtschaft: Subventionierte, chemisch hergestellte Lebensmittel aus den indischen Ebenen überschwemmten den Markt und ließen die lokale ökologische Landwirtschaft, die die Menschen seit Hunderten von Jahren ernährt hatte, plötzlich unwirtschaftlich erscheinen.

Die Entwicklung hatte auch negative Auswirkungen auf die Umwelt: Einst unberührte Flüsse wurden durch Plastiktüten und

Taschenlampenbatterien verschmutzt, und die dünne Luft wurde durch die Dieselabgase der wachsenden Zahl von Lastwagen und Generatoren verpestet. Der Status der Frauen litt, da die Entwicklung die Entscheidungsgewalt von den Haushalten und Dörfern – wo Frauen hoch angesehen waren – zu den von Männern dominierten Bürokratien in weit entfernte, städtische Zentren verlagerte. Die Werbung und die Medien vermittelten den Ladakhis implizit, dass das Leben in der Stadt glamourös, aufregend und einfach und das Leben eines Bauern rückständig und langweilig sei.

Aufgrund dieser Veränderungen kam es zu einem Verlust des Selbstwertgefühls, einer Zunahme von Engstirnigkeit und kleinkariertem Klatsch und Tratsch sowie zu einem noch nie dagewesenen Ausmaß an Uneinigkeit und Reibung. Wie in Kapitel 4 beschrieben, führte der intensive Wettbewerb um Arbeitsplätze und politische Macht in der modernen Wirtschaft sogar zu gewaltsamen Konflikten zwischen Buddhisten und Muslimen, Gruppen, die in Ladakh jahrhundertelang friedlich nebeneinander gelebt hatten.

Auch hier waren die plötzlichen Veränderungen in Ladakh für mich nur deshalb erkennbar, weil ich früh genug gekommen war, um die alte Kultur zu sehen, als sie noch intakt war. Wer Ladakh heute zum ersten Mal besucht, kann nicht mehr erkennen, wie gut die alte ortsgebundene Kultur funktioniert hat.

Wenn wir genau hinsehen, können wir feststellen, dass derselbe Wandel, den ich in Ladakh beobachtet habe, sich in Kulturen und Gemeinschaften auf der ganzen Welt vollzogen hat. In meinem Heimatland Schweden hat der Modernisierungsprozess die kleinteilige, diversifizierte Nahrungsmittelproduktion zugunsten einer großangelegten Landwirtschaft zerstört und das ländliche Gemeinschaftsleben zugunsten einer raschen Urbanisierung geschwächt. In dem Maße, in dem die Menschen allein in Hochhauswohnungen lebten und eher von der Technologie und fernen Bürokratien als von einander abhängig waren, wurden weibliche Werte und die Bindungen zwischen Familie, Gemeinschaft und Land geschwächt. In den 1980er-Jahren wurde mehr als die Hälfte der Stockholmer Wohnungen von einer allein lebenden Person bewohnt.[2] Es überrascht nicht, dass zur gleichen Zeit Einsamkeit, Alkoholismus und Selbstmord zunahmen.[3]

Sogar in Spanien, wo mein Mann und ich in den 1980er-Jahren lebten, war der Wandel von einem Jahr zum anderen offensichtlich: Bauernmärkte wurden durch Supermärkte mit importierten Lebensmitteln ersetzt; fußläufige ländliche Städte wurden zugunsten von verkehrsreichen Großstädten aufgegeben; Plastikverpackungen erstickten die Landschaft; die Menschen waren zu gestresst und zu sehr mit ihrer Arbeit beschäftigt, um die traditionelle *Siesta* oder einen Drink mit Freunden zu genießen.

Jene, die dergleichen nicht miterlebt haben – die in einer modernen, urbanisierten, englischsprachigen Gesellschaft aufgewachsen sind –, mag es schwerfallen zu verstehen, was verloren geht. Dies gilt vor allem deshalb, weil die meisten ihrer Erfahrungen mit kleineren Städten und ländlichen Gemeinden sich auf Orte beschränken, die schon vor langer Zeit ihre Vitalität verloren haben – Orte, von der Jugend verlassen, die in die großen Städte zogen, wurden zu Orten, an denen sich die Menschen ausgegrenzt fühlten und in denen Kleingeistigkeit, Klatsch und Vorurteile gediehen.

Wenn Sie noch nie Dörfer, Städte oder ländliche Gebiete erlebt haben, in denen die Bewohner ihr Leben selbst in die Hand nehmen können, ist es verständlich, dass Sie die Idee der »einen Welt« verlockend finden – ein Hightech-Paradies, in dem alle Menschen vertraut aussehen, Englisch sprechen und ähnliche »fortschrittliche« Weltanschauungen und kulturelle Gewohnheiten teilen.

Es wäre jedoch ein Fehler, aus dem, was wir in vielen heruntergekommenen kleinen Gemeinden vorfinden, die in vielen Fällen über Hunderte von Jahren ihres Selbstwertgefühls, ihrer Selbständigkeit und ihrer Ressourcen beraubt wurden, eine Verallgemeinerung abzuleiten.

Die lebenswichtige Notwendigkeit, die Vielfalt zu pflegen, wurde in den 500 Jahren der Eroberung, des Kolonialismus und der wirtschaftlichen Entwicklung begraben und zugedeckt – ein langer Prozess der Globalisierung, der monokulturelle Ideen und Praktiken auf der ganzen Welt durchgesetzt hat. Sogar bei der Suche nach Nachhaltigkeit gab es eine Tendenz zu der Annahme, dass »eine Größe für alle« passt – dass die Menschen überall in »intelligenten Städten« leben, Hybridautos fahren und sich vegetarisch ernähren sollten. Auf den Ort bezogene, lokalisierte Lösungen haben in dieser monokulturellen Version des Fortschritts keinen Platz.

Aber es gibt natürlich nicht nur eine einzige Formel für das Leben: Das Bedürfnis nach Vielfalt reicht bis zu jedem Grashalm, jedem Regenwurm und Singvogel und zu den Identitäten einzigartiger Individuen innerhalb einer Vielzahl verschiedener Kulturen. Die Auslöschung der Vielfalt ist mit dem Leben einfach unvereinbar. Aus diesem Grund ist auch die Globalisierung, die systematisch die Vielfalt durch Monokulturen ersetzt, mit dem Leben unvereinbar.

Das bedeutet nicht, dass wir das Leben in der Vergangenheit idealisieren sollten. In Ladakh zum Beispiel war die Kindersterblichkeit in der traditionellen Kultur höher, und die Menschen hatten es weniger bequem als moderne Menschen im Westen, vor allem im Winter. Aber wenn wir auf das Wichtigste schauen, dann hat die alte Kultur wirklich funktioniert: Sie hat sich über viele Hundert Jahre hinweg bewährt, und die Menschen waren wirklich glücklich.

Bei der Lokalisierung geht es nicht darum, in die Vergangenheit zurückzukehren. Stattdessen sollen wir erkennen, was ältere Kulturen vielfach gut gemacht haben: Sie verließen sich auf lokale Ressourcen und lokales Wissen, um die materiellen Bedürfnisse der Menschen zu befriedigen, und taten dies mit einem Minimum an Umweltbelastung; sie legten großen Wert auf gemeinschaftliche Bindungen, was es ihnen ermöglichte, das psychologische Bedürfnis der Menschen nach Zugehörigkeit und Sicherheit zu befriedigen. Dies sind wichtige Lehren, die wir auf der Suche nach Lösungen für unsere aktuellen Krisen im Hinterkopf behalten sollten.

Gegenentwicklung

Local Futures arbeitet seit vier Jahrzehnten in Ladakh, um den allzu idealistischen Eindrücken des modernen städtischen Lebens entgegenzuwirken, die die traditionelle Kultur so zerstören. Wir haben für ladakhische Führungspersönlichkeiten »Reality Tours« in den Westen organisiert, um die Schattenseiten des Lebens in der industrialisierten Welt aufzuzeigen – von Obdachlosigkeit und Drogenabhängigkeit bis hin zur Unterbringung älterer Menschen –, die den Menschen in den so genannten »Entwicklungsländern« normalerweise nicht bewusst sind. Diese Reisen beinhalten die Zusammenarbeit mit Menschen und Projekten, die im Westen daran arbeiten, Gemeinschaft wieder aufzubauen und einen ökologischeren Weg zu finden – einen Weg, der viele Aspekte des traditionellen ladakhischen Lebens wiederbelebt: biologische Landwirtschaft, Naturfasern und Baumaterialien sowie Erfahrungslernen. In Ladakh haben wir mit lokalen Gemeindevorstehern zusammengearbeitet, um kleine Technologien für erneuerbare Energien einzuführen, die den materiellen Lebensstandard verbessern können, ohne die Ladakhis in die globale Wirtschaft mit fossilen Brennstoffen zu verwickeln.

Vor langer Zeit habe ich den Begriff »Gegenentwicklung« geprägt, um unsere Arbeit in Ladakh zu beschreiben. Es ist gut zu sehen, dass andere Organisationen jetzt ähnliche Arbeit leisten. Zu ihnen gehört Africa Organics, eine einheimische Organisation, die im ländlichen Gambia tätig ist. Die Gruppe arbeitet mit Bewohnern abgelegener Dörfer zusammen und vermittelt ihnen, dass sie vieles haben, was den meisten Menschen in der westlichen Welt fehlt: eigenes Land, sauberes Wasser, fruchtbaren Boden und das Wissen, wie man Lebensmittel anbaut und Häuser auf nachhaltige Weise baut. Auf diese Weise verleihen sie den traditionellen Kenntnissen und Fertigkeiten Gambias Prestige. Ihr Home Farm Project arbeitet mit jungen Menschen zusammen, die in ihren Dörfern bleiben (oder dorthin zurückkehren) wollen, und hilft ihnen beim Aufbau vielfältiger, nachhaltiger Farmen.

Es besteht ein großer Bedarf an Aktivitäten, die die Mythen des vorherrschenden Narrativs entlarven und die Menschen über die Realitäten vor Ort in Nord und Süd informieren. Ich nenne diese Art von Arbeit jetzt »Big Picture Activism«: Aktivismus im großen Ganzen.

11

AKTIVISMUS IM GROSSEN GANZEN

Die Kräfte, die die Globalisierung vorantreiben, können leicht als viel zu mächtig erscheinen, um sie noch aufhalten zu können. Aber da sich immer mehr von uns der katastrophalen Folgen für die Menschen und den Planeten bewusstwerden, glaube ich tatsächlich, dass die Chancen für einen sinnvollen Wandel heute größer sind als je zuvor. Ich spreche immer wieder mit Menschen auf der ganzen Welt über die Notwendigkeit eines Wandels vom Globalen zum Lokalen und stelle fest, dass die Menschen immer offener für diese Ideen werden, und erkennen, dass das vorherrschende Narrativ hohl ist. Die Menschen sind sich bewusst, dass etwas grundlegend falsch läuft und dass ein Herumbasteln am derzeitigen System keine Lösung ist. Was wir jetzt brauchen, ist eine kritische Masse mit einem klaren Verständnis für die Ursachen der Krisen, mit denen wir konfrontiert sind, und für Lösungen, die sinnvoll sind. Beizutragen, diese kritische Masse zu erreichen, ist das Ziel dessen, was ich »Big Picture Activism« nenne.

Wir brauchen Informationskampagnen, die uns die Grundlagen der Globalisierung und ihre realen Folgen klarmachen. Wir brauchen auch mehr »Öko-Kenntnisse«, d.h. sowohl ökonomische als auch ökologische Kenntnisse, um deutlich zu machen, dass die Lokalisierung der Schlüssel zu menschlichem Wohlstand und einem gesunden Planeten ist.

Diese Art der Bewusstseinsbildung ist eine wichtige Form der Aktion und ein notwendiger Schritt beim Aufbau erfolgreicher

Bewegungen. Bevor beispielsweise Bio-Lebensmittel auf dem Markt erhältlich waren, mussten die Befürworter der ökologischen Landwirtschaft viele Jahre in Aufklärungskampagnen investieren, um die Menschen zu informieren, was »ökologisch« bedeutet und welche Kosten die chemische Landwirtschaft für Gesundheit und Umwelt verursacht.

Aber viele Menschen wollen direkt zum Handeln übergehen. Sie sagen: »Wir wissen bereits, dass die Wirtschaft das Problem ist und dass die Konzerne zu viel Macht haben – darüber brauchen wir nicht weiter zu diskutieren.« Es stimmt, dass die meisten von uns ein Gefühl dafür haben, dass wirtschaftliche Kräfte hinter den Problemen der Umwelt und der sozialen Gerechtigkeit stehen, aber nur wenige verstehen, wie das globale Wirtschaftssystem das individuelle und kulturelle Selbstwertgefühl untergräbt, wie es ethnische, rassische und religiöse Konflikte verschärft und wie es unsere körperliche und seelische Gesundheit schädigt. Die Mehrheit ist sich auch nicht bewusst, dass Handelsverträge den Konzernen und Banken so viel Macht verliehen haben, dass sie de facto zu einer globalen Regierung geworden sind, die hinter den Kulissen regiert, unabhängig davon, ob eine »linke« oder »rechte« Partei gewählt wurde. Eine breite, global-lokale Perspektive kann die Wirksamkeit derjenigen stärken, die sich bereits gegen die Herrschaft der Konzerne wehren, und gleichzeitig dazu beitragen, die überkommenen Links-Rechts-Schranken zu überwinden, um unsere viel breiteren Gemeinsamkeiten zu beleuchten.

Wenn die Menschen erst einmal aufwachen und begreifen, dass ein und dieselbe Wirtschaftspolitik die treibende Kraft hinter allem ist – von unsicheren Arbeitsplätzen und Armut bis hin zum Klimachaos und Aufstieg des Extremismus –, können wir über isolierte Kampagnen zu einzelnen Themen hinausgehen und Bewegungen aufbauen, die groß und widerstandsfähig genug sind, um von den globalen Monopolen die demokratische Macht zurückzuerobern. Es ist auch meine Überzeugung, dass, sobald die Menschen im industrialisierten Westen aufwachen und die systemischen Wurzeln ihres geistigen, emotionalen und psychologischen Leidens erkennen, massiv Energie für einen grundlegenden Wandel mobilisiert werden kann.

Die Verknüpfung der Punkte auf diese Weise ist ein entscheidender Aspekt, um Unterstützung für einen grundlegenden Richtungswechsel zu gewinnen. Und was wir zu bieten haben, ist viel mehr als nur ein theoretischer Rahmen: Wir können auf mächtige, schnell wachsende Bewegungen für einen wirtschaftlichen Wandel verweisen – die *New Economy Coalition*, die *Post-Growth Alliance*, das *New Economy and Social Innovation Forum*, die *Well-being Economy Alliance*, *Systemic Alternatives* und viele andere. Diese Bewegungen setzen ihre Hoffnungen nicht auf telegene Vertreter der Linken oder der Rechten, die im wesentlichen dasselbe Rezept für »Fortschritt« anbieten (zu gleichen Teilen Wirtschaftswachstum, Handelsförderung, Hochtechnologie und Unternehmenssponsoring), sondern sie streben einen grundlegenden Strukturwandel an.

Vielleicht ist noch wichtiger, dass wir die rasche weltweite Verbreitung von Lokalisierungsinitiativen und ihre Auswirkungen in der Praxis sichtbar machen können. Auf diese Weise können wir ein neues Narrativ weben, das die Menschen wissen lässt, dass eine andere Zukunft bereits im Entstehen begriffen ist. Wir können zeigen, dass die Menschen in Nord und Süd, in der Stadt und auf dem Land die Verbindung zu anderen Menschen und zur Natur wiederherstellen: mit unmittelbaren spirituellen, psychologischen und praktischen Vorteilen.

Mehr noch, immer mehr Menschen auf der ganzen Welt werden sich der zentralen Rolle bewusst, die Handelsverträge bei der Ermöglichung der Herrschaft von Konzernen spielen, und diese Verträge sind zu wichtigen Zielen für Aktivisten geworden, die versuchen, den globalen Moloch zu stoppen. Seit den historischen Protesten gegen die WTO in Seattle im Jahr 1999 hat es bei fast jedem größeren internationalen Handelstreffen, von der G8 bis zum Weltwirtschaftsforum, Demonstrationen gegeben. Die Zahl der Demonstranten ging mitunter in die Hunderttausende, wodurch die weltweite Aufmerksamkeit auf einen Prozess gelenkt wurde, der der Öffentlichkeit zuvor verborgen geblieben war. Nur sechs Jahre vor den Demonstrationen in Seattle wurde das NAFTA-Abkommen mit relativ wenig Widerstand durchgesetzt. Als die Verhandlungsführer der Konzerne versuchten, mit TPP und TTIP die gleiche Kontrolle über die Regierungspolitik auszuüben, stießen sie auf heftigen Widerstand – nicht nur von besorgten Bürgern, sondern sogar von vielen gewählten Vertretern.

Annahmen überdenken

Die heutige Konsumkultur basiert auf Mythen und Fehlinformationen, die die Menschen mit widersprüchlichen Vorstellungen lähmen und verwirren. In einem Beitrag in den Abendnachrichten wird die Frage gestellt, ob die Konsumausgaben ausreichen, um die Wirtschaft am Laufen zu halten; ein paar Minuten später heißt es, dass die Konsumgier die Welt zerstört.

Geschichten, die den einzelnen Verbraucher in den Mittelpunkt unserer globalen Probleme stellen, sind weit verbreitet. In letzter Zeit wurde viel über die »Psychologie der Leugnung« diskutiert, die besagt, dass sich der Klimawandel verschlimmert, weil die Menschen den Ernst der Krise nicht erkennen und stur an ihren verschwenderischen Gewohnheiten festhalten. In dieser Diskussion wird nicht berücksichtigt, dass auf allen Ebenen Subventionen, Steuern und Vorschriften dazu dienen, eine energieintensive und verschwenderische Produktion, einen irrsinnigen internationalen Handel und die allgegenwärtige Förderung des Konsumverhaltens zu unterstützen – im Vergleich damit verblassen die individuellen Konsumgewohnheiten.

Keiner von uns hat für die Einführung dieses Systems gestimmt. Stattdessen ist es aus dem blinden Glauben an überholte koloniale Annahmen erwachsen, und es ist vor allem unsere kollektive Unkenntnis der Funktionsweise dieses Systems, die es ungebremst weiterbestehen lässt. Wenn von Wirtschaftswachstum die Rede ist, müssen wir uns daher über die Annahmen informieren, die den

Statistiken über die Schaffung von Arbeitsplätzen zugrunde liegen (siehe »Verlust von Lebensgrundlagen«, Kapitel 3), und bereit sein, eine Diskussion über »Wachstum für *wen* und auf Kosten von *was*?« zu beginnen.

Wir müssen auch einen tieferen, umfassenderen Blick auf das, was wir als »Fortschritt« bezeichnen, fördern. Die lineare, ökonometrische Sicht des Fortschritts – die Version, die Bill Gates, Steven Pinker & Co. uns glauben machen wollen –, stellt die Vergangenheit als etwas dar, dem wir zum Glück entronnen sind, und sagt uns, dass Wirtschaftswachstum und technologischer Fortschritt unsere Generation zur privilegiertesten macht, die je auf der Erde gelebt hat. Wir müssen diese Sichtweise mit einer sinnvollen Diskussion darüber relativieren, was wir verloren haben: Die Mehrheit wurde in Kleinfamilien zersplittert, von den Stützen der Gemeinschaft abgeschnitten, einer sinnvollen produktiven Tätigkeit und des Zugangs zu Land und zu gesunden Lebensmitteln beraubt und von echter Entscheidungsmacht ausgeschlossen. Man hat uns die Zeit geraubt – eine wesentliche Voraussetzung für sinnvolle Beziehungen, Liebe, Fürsorge und Empathie. Fast alle unsere Aktivitäten wurden kommerzialisiert –, und während dies die »Wachstums«-Grafiken gesund aussehen lässt, zeigt eine genauere Untersuchung, dass es zu einer schweren emotionalen und sozialen Verarmung geführt hat.

Bei einer kritischen, historischen Betrachtung des Fortschritts ist es genauso wichtig, zwischen kulturellem Fortschritt und wirtschaftlichem Wachstum zu unterscheiden. Es stimmt, dass sich in den letzten hundert Jahren in der westlichen Welt ein Wertewandel vollzogen hat, der allgemein als »fortschrittlich« bezeichnet werden kann: Wir haben uns von der kulturellen Vorherrschaft entfernt und Respekt für andere Glaubensrichtungen, Rassen und Kulturen entwickelt. Und wir haben uns dramatisch vom Patriarchat wegbewegt hin zu einer klaren und bewussten Umarmung von Frauen, des Weiblichen und der Geschlechterfluidität.

Die wirtschaftliche Entwicklung hat sich jedoch von diesem Wertewandel abgekoppelt und ist auf der geraden Linie des Kolonialismus geblieben. Von Anfang an ging es bei dem kolonialen Projekt darum, die lokale Wirtschaft zu untergraben und für eine zentralisierte Elite alles Verwertbare aus ihr herauszuholen; leider ist es, wie dieses Buch zeigt, dem kulturellen Wertewandel noch nicht gelungen, unser Wirtschaftssystem zu transformieren. Die Ungleichheit des Reichtums hat sich auf ein Rekordniveau ausgeweitet, und die Sklaverei, kulturelle Zerstörung und die Herrschaft über die Natur sind nur noch heimtückischer geworden. Hinter der egalitären Fassade des kapitalistischen Systems werden durch die wachsende Macht der Konzerne Millionen von Menschen in die Armut getrieben und so zutiefst verunsichert und anfällig für fremdenfeindliche und rassistische Rhetorik. Um ein veraltetes Wirtschaftssystem mit unseren wirklich fortschrittlichen sozialen und kulturellen Werten in Einklang zu bringen, ist es notwendig, sich des »großen Ganzen« bewusstzuwerden.

Ich höre auch Leute sagen: »Das System wird von selbst zusammenbrechen, also brauchen wir keine Zeit mit dem Bemühen zu verschwenden, es zu ändern.« Doch trotz seiner tiefen Fehler und Widersprüche wird das Wirtschaftssystem einen Großteil der natürlichen und sozialen Welt überleben. Vor vielen Jahren hat mich der Schweizer Wirtschaftswissenschaftler H. C. Binswanger davon überzeugt, dass sich dereguliertes Kapital – Geld, das nicht an Regeln oder Grenzen gebunden ist – endlos vermehren kann, selbst wenn Ökosysteme und Gesellschaften zusammenbrechen. Mit anderen Worten: Die Wirtschaft könnte weiter wachsen, bis der letzte Baum fällt. Ein deprimierendes Szenario, das wir mit allen Mitteln verhindern müssen.

Leider haben viele die Idee, das System grundlegend zu verändern, völlig aufgegeben. Die Menschen glauben, dass es zu schwierig sei – dass es selbst für die mächtigste Bewegung unmöglich sei, die gesellschaftlichen Institutionen zu verändern. Aber wir dürfen nicht vergessen, dass der Weg, auf dem wir uns derzeit befinden, durch *unsere* Gesetze gestützt und durch *unsere* Steuern finanziert wird. Wenn wir uns nicht aktiv für eine andere Richtung einsetzen, dulden wir die fortgesetzte Vereinnahmung unserer sozialen Einrichtungen im Interesse einer weiteren Zentralisierung und Gewinnmaximierung.

So groß und überwältigend das globale System auch zu sein scheint, ein Richtungswechsel wäre in der Praxis einfacher als die weitere Globalisierung. Um die Globalisierung fortzusetzen, müssten Gemeinderäte, Krankenhäuser und Schulen weiter zusammengelegt werden; Unternehmen müssten mit immer größeren fusionieren, um zu überleben; Städte, die bereits aus allen Nähten platzen, müssten noch größer werden; und die massive Infrastruktur für den globalen Handel müsste noch weiter ausgebaut werden. Die Weltwirtschaft müsste ständig umgestaltet werden, um eine immer stärker zentralisierte Kontrolle zu ermöglichen und den demokratischen Institutionen mehr Macht zu entziehen. Dies würde immense Investitionen von Geld und natürlichen Ressourcen erfordern, während gleichzeitig das Gefüge von Ökosystemen, Gesellschaften und Kulturen zerrissen wird und immer mehr Menschen arbeitslos und prekär werden.

Der wichtigste Schritt zur Lokalisierung besteht darin, die bestehenden systemischen Unterstützungen neu auszurichten – weg vom Globalen und hin zum Lokalen. Dies würde sofort beginnen, unseren Ressourcenverbrauch zu verringern, das soziale Gefüge zu regenerieren und die Möglichkeiten für eine weit weniger zerstörerische, arbeitsplatzreiche, lokale Beschäftigung zu erweitern.

Dennoch sagen selbst engagierte Aktivisten manchmal: »Es hat keinen Sinn, es zu versuchen – die Regierungen werden uns nicht zuhören, egal was wir tun.« Es stimmt, dass Millionen von Menschen gegen den Irak-Krieg demonstriert haben, und dennoch haben uns die politischen Entscheidungsträger in diesen sinnlosen und zerstörerischen Konflikt hineingezogen. Es stimmt, dass Millionen von Menschen gegen Gas-Fracking und Kernenergie sind, und dennoch fördern die Regierungen diese Technologien weiterhin. Aber das Potential der Menschen, sich wirklich Gehör zu verschaffen, wird exponentiell wachsen, wenn sie über eine fragmentierte Sichtweise hinausgehen und sich auf den roten Faden konzentrieren, der sich durch alle ihre Anliegen zieht. Eine »New Economy«-Bewegung – eine Bewegung, die sich darüber im klaren ist, wofür wir sind, und nicht nur darüber, wogegen wir sind – hat ein weitaus größeres Potential, erfolgreich zu sein, als fast jede Kampagne zu einem einzelnen Thema.

Ein weiterer Stolperstein kann die Betonung der inneren Transformation sein. Die New-Age-Bewegung hat viel Gutes bewirkt, indem sie Millionen von Menschen ermutigt hat, auf ihr Herz und die Weisheit der alten indigenen Kulturen zu hören. Dieses tiefere Bewusstsein schafft eine Sehnsucht, sich vom Wettbewerb und Konsumdenken der globalen Wirtschaft abzuwenden und liebevollere Beziehungen zu anderen und zur Erde aufzubauen. Dies führte dazu, dass sich viele Menschen fast ausschließlich auf die »innere« Dimension, auf »positives Denken« und persönliche Veränderungen konzentrierten. Und viele von ihnen neigten dazu, auf Aktivisten herabzusehen, die auf die »äußere« Welt des Sozial- und Umweltaktivismus fixiert zu sein schienen.

In der Gemeinschaft der Aktivisten hingegen haben viele ihre persönlichen, inneren Bedürfnisse ignoriert, während sie den Schwerpunkt auf »äußere« praktische und politische Veränderungen gelegt haben. Auch wenn ihre Arbeit in der Regel aus Altruismus geboren wird, hat das Ignorieren der inneren Dimension ihre Bemühungen oft behindert. Die Vernachlässigung des Seelenfriedens und der inneren Reflexion und die Konzentration auf das Negative kann zu Selbstgerechtigkeit und hilfloser Wut und schließlich zu Burnout, Konflikt und Entfremdung führen. Big Picture Activism macht deutlich, dass unsere Probleme sowohl eine innere als auch eine äußere Dimension haben und dass ihre Lösung die Arbeit auf beiden Ebenen erfordert.

Der Aktivismus im großen Ganzen zeigt nicht mit dem Finger auf einzelne Politiker, CEOs oder Banker. Wie ich eingangs dargelegt habe, expandiert unser zerstörerisches Wirtschaftssystem vor allem aufgrund von Unwissenheit weiter. Die Wirtschaftsexperten, die dieses Wachstumsmodell propagieren, sind darauf trainiert, Geldströme und numerische Darstellungen der Welt zu betrachten, und sind von vielen der realen sozialen und ökologischen Folgen ihrer abstrakten Modelle abgeschirmt. Die Vorstandsvorsitzenden von Großunternehmen und Banken werden von spekulativen Märkten getrieben, um kurzfristige Gewinn- und Wachstumsziele zu erreichen, und sind daher noch weniger in der Lage, die Gesamtauswirkungen ihres Handelns zu bedenken. Selbst besorgten Bürgern, einschließlich Aktivisten, fällt es oft schwer, die vielen versteckten Wege zu erkennen, auf denen sowohl ihre Konsumentscheidungen als auch ihre Steuern letztendlich eine energieintensive, arbeitsplatz- und seelenvernichtende Wirtschaft unterstützen.

Dieses Bewusstsein führt uns über eine Identitätspolitik, über Schuldzuweisungen an einzelne Menschen und – ganz entscheidend – über die Selbstbeschuldigung hinaus. Wir können uns stattdessen darauf konzentrieren, das »Ich« in ein »Wir« zu verwandeln, indem wir uns auf der Ebene der Gemeinschaft wie auch auf der politischen Ebene zusammenfinden. Der Weg nach vorne liegt nicht in Wut und Konfrontation, sondern in der aktiven Förderung eines friedlichen, breit angelegten, systemischen Wandels.

Das Bewusstsein kann sich wie ein Feuer ausbreiten, und es ist ermutigend zu erkennen, dass wir nicht unbedingt unsere politischen und wirtschaftlichen Führer überzeugen müssen – die dazu neigen, zu sehr in ihren fehlgeleiteten Annahmen verhaftet zu bleiben – oder den Teil der Bevölkerung, der tief im Konsumdenken versunken ist. Trotz enormen finanziellen und zeitlichen Drucks gibt es eine große Zahl engagierter und besorgter Menschen, die sich für eine bessere Welt einsetzen. Sie können sich darauf konzentrieren, die Schule ihrer Kinder zu verbessern, die Tierquälerei zu beenden, die Tierwelt zu schützen, Abfall und CO_2-Emissionen zu reduzieren, die Hungernden zu ernähren oder spirituelle und ethische Werte zu fördern. Ganz gleich, welches Problem sie angehen, die Wirtschaft ist ein Roter Faden, der sie alle miteinander verbindet.

In den letzten Jahren haben viele Einzelpersonen und Organisationen, die an diesen separaten Kampagnen beteiligt sind, begonnen, einen ganzheitlichen Ansatz zu verfolgen, der über einzelne Themen hinausgeht. Infolgedessen beginnt eine breit angelegte, übergreifende Utersuchung, eine vielfältige, vereinte Bewegung aufzubauen – eine Bewegung mit dem Potential, die größte zu werden, die die Welt je gesehen hat.

12

DIE ÖKONOMIE DES GLÜCKS

Ich möchte Ihnen zwei liebe Freunde von mir vorstellen, Tim und Caroline. Sie sind junge, sensible Menschen, die sich der Zerrissenheit der Welt, in der sie leben, schmerzlich bewusst sind. Sie sind mit Nachrichtenbildern von Bomben aufgewachsen, die unschuldige Menschen töten; sie haben Freunde durch Selbstmord verloren. Sie haben mit Gefühlen der Wertlosigkeit und Depressionen zu kämpfen; sie haben gesehen, wie Menschen von chronischen Krankheiten geplagt und Ökosysteme irreparabel geschädigt wurden.

Aber sie haben sich ineinander verliebt und zwei wunderbare Kinder, Xan und Ella, bekommen. Es ist ein Akt der Tapferkeit, Kinder in die Welt zu setzen und sich gleichzeitig des zunehmenden Leids in dieser Welt bewusst zu sein. Sie wissen, dass der Weg, den Xan und Ella eingeschlagen haben, voller Gefahren ist: Die Schule wird Wettbewerb und übertriebenen Individualismus fördern, die Medien werden ihnen sagen, dass sie nicht schön oder talentiert genug sind, und wer weiß, ob es, wenn sie erwachsen sind, sinnvolle Arbeitsplätze für sie geben wird – oder schlimmer noch, einen gesunden Planeten, auf dem sie leben können.

Tim und Caroline haben sich selbst ein Versprechen gegeben: Sie werden alles in ihrer Macht Stehende tun, um Xan und Ella die Unterstützung zu geben, die sie brauchen, um sich zu entfalten, um ihnen die Zukunft zu ermöglichen, die sie verdienen. Sie werden alles in ihrer Macht Stehende tun, um eine starke und dauerhafte Gemeinschaft mit anderen aufzubauen, ein gesundes Bildungsumfeld für sie zu schaffen, sie vor der Werbung und dem schädlichen Einfluss von Bildschirmen zu schützen, ihren Körper mit gesunder Nahrung zu ernähren und eine tiefe Begeisterung für die natürliche Welt zu fördern.

Natürlich gibt es überall auf der Welt Orte, an denen Paare wie Tim und Caroline ein besseres Leben mit Gleichgesinnten aufbauen können. Aber auch diese Gemeinschaften sind mit den zahlreichen Herausforderungen konfrontiert, die der Spagat zwischen zwei Welten mit sich bringt, die sich in unterschiedliche Richtungen bewegen: Sie haben mit Geldproblemen zu kämpfen, mit behördlichen Einschränkungen, mit Mitgliedern der Gemeinschaft, die aus beruflichen Gründen versetzt werden. Sie ringen mit den Widersprüchen, in einer fragmentierten, globalisierten Welt ortsgebundene Kulturen zu entwickeln.

Solange wir nicht zusammenarbeiten, um einen wirtschaftlichen Wandel von der globalen zur lokalen Ebene herbeizuführen, werden Menschen wie Tim und Caroline gegen den Strom schwimmen, um ihre Lieben vor den Wunden zu bewahren, die ihnen ein unmenschliches System zufügt. Und es wird ihnen nicht immer gelingen; sie werden sich regelmäßig entscheiden müssen zwischen dem Geldverdienen und der Zeit, die sie mit ihren Kindern verbringen, zwischen einem Leben außerhalb des allgegenwärtigen Einflusses der Konsumkultur und der Interaktion mit der weiten Welt, zwischen der Konzentration auf ihre eigenen unmittelbaren Bedürfnisse und dem Versuch, die Welt zu einem besseren Ort zu machen. Sie laufen Gefahr, die Schuld für ihre Fehler zu verinnerlichen, auszubrennen und zusammenzubrechen.

Und doch sind Tim und Caroline in diesem System die Glücklichen. Sie haben zumindest Zugang zu Informationen darüber, welche Lebensmittel für ihren Körper gesund sind, welche Gifte sie meiden sollten, und sie haben genug Geld, um eine Auswahl treffen zu können. Sie können die Hypothek für ein komfortables Haus mit einem Garten bezahlen, der groß genug ist, um Gemüse anzubauen und Xan und Ella im Freien spielen zu lassen. Sie haben Eltern, die im selben Land leben und manchmal da sind, um bei der Erziehung der Kinder zu helfen. Und Tim und Caroline haben sich gegenseitig. Leider ist ihre Situation ein ferner Traum für einen wachsenden Teil der Weltbevölkerung, von denen viele alleinerziehend sind oder mehrere Jobs haben, nur um die Miete zu bezahlen, oder in Slums oder in Konfliktgebieten leben, oder alles zusammen. Viele dieser Menschen haben kaum eine andere Wahl, als das Bewusstsein für ein kaputtes System völlig auszublenden, weil sie einfach keinen Ausweg sehen können.

Wenn wir hoffen, die harten Realitäten, mit denen Menschen auf der ganzen Welt konfrontiert sind, ändern zu können, brauchen wir mehr als nur den Mut, bergauf zu kämpfen – wir müssen zusammenarbeiten, um eine *Ökonomie des Glücks zu* schaffen. Mit einer groß angelegten, strategischen Umstrukturierung der Wirtschaftsförderungen können wir dafür sorgen, dass gesunde, lokale Lebensmittel zu den billigsten und am leichtesten zugänglichen Lebensmitteln auf dem Markt werden und dass lokale, gemeinschaftsbasierte, stabile Existenzen die meisten Arbeitsplätze bereitstellen. Wir können die strukturelle Grundlage für Gemeinschaft schaffen, die tiefgreifende psychologische Vorteile bietet und die Fürsorge für unsere Kinder und das Land wieder in den Mittelpunkt unserer täglichen Aktivitäten stellt. Wir können die Kontrolle über unser eigenes Leben zurückgewinnen und die Bedingungen schaffen, die die Grundvoraussetzung für Freude, Frieden und Nachhaltigkeit sind.

Die schnelllebige globale Wirtschaft von heute verlangt Mobilität, Wettbewerbsfähigkeit und Individualismus und schürt die Angst, verletzlich und abhängig zu sein und alt zu werden. Lokalisierung hingegen entspricht unserer tiefen Sehnsucht nach Liebe und Verbundenheit – den Eckpfeilern von Wohlbefinden und Zufriedenheit.

Immer mehr Forschungsergebnisse berichten über die tiefgehende Heilung, die aus der Wiederverbindung mit der Natur und der Gemeinschaft sowie aus dem spirituellen Erwachen hin zur Einheit des Lebens erwächst. Bewährte Therapien für genesende Süchtige wie die Anonymen Alkoholiker und die Anonymen Narkotiker, die sich auf die gegenseitige Unterstützung und den Kontakt mit einem höheren spirituellen Ziel konzentrieren, zeigen schon seit geraumer Zeit überzeugende Ergebnisse. In letzter Zeit ist eine Vielzahl anderer Methoden entstanden, darunter eine Vielzahl von Therapien durch das Eintauchen in die Wildnis oder die Verbindung mit Tieren. Die Lokalisierung bietet die wirtschaftlichen Strukturen, die das Gefüge wechselseitiger Abhängigkeit wieder herstellen und den täglichen Kontakt mit anderen sowie mit den Pflanzen und Tieren in der uns umgebenden natürlichen Welt fördern. Auf diese Weise könnte das, was heute teure Wochenendtherapien für eine Minderheit sind, zu einer grundlegenden Lebensweise für Menschen auf der ganzen Welt werden.

Durch die Erneuerung der Gemeinschaftsstrukturen können wir viel von dem zurückgewinnen, was wir verloren haben. Selbst in den durch und durch industrialisierten und kolonialisierten Teilen der Welt – von den britischen Städten bis zu den südafrikanischen Slums – ist es noch gar nicht so lange her, dass Freunde und Familie meist gar nicht weit voneinander entfernt lebten und Kinder frei herumlaufen konnten, während Nachbarn und Verwandte auf sie aufpassten. Dies entlastete die Mütter und ermöglichte ihnen eine intensivere Teilnahme am Alltagsleben.

In Ladakh, wie auch in vielen anderen indigenen Kulturen, wurden wirtschaftliche Strukturen, die die Zusammenarbeit zwischen Menschen und anderen Lebewesen förderten, durch spirituelle Lehren gestärkt, die die Menschen täglich daran erinnerten, dass ihr eigenes Wohlergehen und das Wohlergehen der anderen ein und dasselbe sind. Die Moderne hat diese Lehren in ihr Gegenteil verkehrt; eine stark wettbewerbsorientierte Wirtschaft sagt uns, dass mein Wohlergehen *auf Kosten* des deinigen geht. Wir werden rund um die Uhr mit Bildern (den »Lehren« der Konsumreligion) bombardiert, die uns drängen, mehr zu konsumieren, voranzukommen, ein »Jemand« statt ein »Niemand« zu werden.

Als die globale Wirtschaft in Ladakh Einzug hielt, begann ich eine rasche Verschiebung hin zu den Mustern des Konsumverhaltens und der psychologischen Unsicherheit zu beobachten, die wir aus dem Westen kennen. In der modernen Welt sind die Beziehungen distanziert und monetarisiert, der Kontakt zwischen den Generationen wurde durch verflachte Peergroups ersetzt, und das soziale Gefüge ist zerfasert. Einsam und abgeschnitten erliegen wir der Vorstellung, »berühmt« werden zu müssen, um die Liebe und Anerkennung zu bekommen, die wir brauchen. Sogar von der dreijährigen Ella hört man, dass sie eine berühmte Sängerin werden will, wenn sie groß ist.

Die Vorstellung von »Ruhm und Ansehen« in den globalen Medien steht in direktem Gegensatz zu der Art Bestätigung, die der Einzelne in lokaleren Gesellschaften erhält. Im traditionellen Ladakh – und sogar in den Dörfern Englands und Spaniens, wo ich gelebt habe – habe ich gesehen, wie ein Netz dauerhafter Beziehungen den natürlichen und sehr legitimen menschlichen Wunsch erfüllte, gesehen und gehört zu werden, geschätzt und geliebt zu werden. Im Kontext der rein menschlichen Ebene ist jeder (sozusagen) »berühmt«; anstatt sich mit fernen Stars zu vergleichen, sind ihre Vorbilder Menschen aus dem wirklichen Leben, von denen keiner vollkommen perfekt ist. In Ladakh war bekannt, dass Dolma eine schöne Sängerin war, aber nicht so gut tanzen konnte, während Stanzin ein besserer Tänzer war, aber nicht so gut singen konnte. Dennoch sangen und tanzten Dolma und Stanzin regelmäßig bei Gemeinschaftsveranstaltungen mit. Die Kinder in Ladakh lernten von klein auf, wie man singt, tanzt und *gemeinsam* Musik macht. Es ging nie darum, perfekt zu sein. Im Gegensatz dazu werden die Kinder in der total auf Wettbewerb ausgerichteten, kommerziellen Kultur des Westens von klein auf dazu gedrängt, sich zu spezialisieren und auf ihrem Gebiet »der oder die Beste« zu sein. Auf diese Weise haben wir eine Kultur der Spaltung geschaffen mit einigen wenigen Stars und einer großen Zahl von Zuschauern.

Durch die Lokalisierung bewegen wir uns weg von einer Kultur der Unsicherheit und des Wettbewerbs, die von der Sorge um den eigenen Wohlstand geprägt ist, und schaffen stattdessen partizipative Kulturen. Starke Gemeinschaften und stabile Existenzgrundlagen bieten den Menschen die Möglichkeit, Wurzeln zu schlagen und eine sichere, ortsbezogene Identität zu entwickeln, wo immer sie sich befinden. In lokalisierten Volkswirtschaften werden Einzelpersonen und Familien nicht regelmäßig von blinden wirtschaftlichen Kräften verstreut; stattdessen verlassen sie sich auf stabilere wirtschaftliche Gegebenheiten, die es ihnen ermöglichen, näher am Wohnort zu arbeiten und dabei Fähigkeiten und Systeme zu nutzen, die an den Ort angepasst sind.

Die lokale Wirtschaft ist nicht eine Art Gefängnis, das die Menschen daran hindert, sich anderswo niederzulassen oder in andere Kulturen zu reisen, um andere Lebensweisen zu erleben. Im Gegenteil: Die Lokalisierung führt uns weg vom homogenisierenden Einfluss der globalen Konsum-Monokultur hin zu einer bereichernden kulturellen Vielfalt. Auf diese Weise sind unsere Möglichkeiten für authentische Begegnungen und den Austausch mit anderen Kulturen viel größer.

Der Wechsel von der globalen zur lokalen Ebene ist eine systemische Strategie, die uns von einer fragmentierten und verwirrten Welt, die von ziemlich unsichtbaren, weit entfernten wirtschaftlichen Kräften beherrscht wird, zu einer vernetzten und diversifizierten Welt führt, die die Grundlage für glückliche Menschen, friedliche Gesellschaften und einen gesunden Planeten bildet.

Wir können uns, wo auch immer wir sind, aufmachen. Wir können nach Gleichgesinnten suchen, mit dem Ziel, tiefere Verbindungen zu fördern. Um mit offenem Herzen in Beziehung zu treten und solche Verbindungen zu fördern, müssen wir den Mut haben, das Getue der Konsumkultur abzuschütteln und unsere Bedürfnisse und Schwachstellen zu offenbaren. Wir können uns aus der Angst und der Selbstbezogenheit lösen, die uns voneinander trennen, und eine partizipative Kultur des Teilens und der Fürsorge schaffen. Indem wir uns wieder mit der Herkunft unserer Lebensmittel verbinden und vielleicht sogar selbst welche anbauen, können wir eine tiefe, einfühlsame Verbindung zur Natur aufbauen und lernen, die Zyklen der Jahreszeiten und die Eigenschaften von Flora und Fauna zu schätzen.

Wenn wir unseren Geist zur Ruhe bringen – durch Gebet, Meditation, Gesang, Tanz oder Yoga – können wir uns vom Druck der globalen Wirtschaft befreien und uns tiefreichend verjüngen und inspirieren lassen. Auf diese Weise können wir Entscheidungen treffen, die sowohl für uns als Individuen als auch für unsere Gemeinschaft und die Gesellschaft als Ganzes gut sind.

Im Laufe der Menschheitsgeschichte haben sich unsere kulturellen Traditionen, unsere Gesellschaften, unsere Persönlichkeiten und sogar unsere Körper im Zusammenhang mit der menschlichen Gemeinschaft und mit der Natur entwickelt. Die globalisierte Wirtschaft hat diese Verbindungen mit falschen Versprechungen gekappt: dass die Technologie all unsere Probleme lösen wird, dass Wirtschaftswachstum der Schlüssel zum Fortschritt ist, dass mehr Dinge und mehr Geld uns glücklich machen.

Es spricht sich jedoch immer mehr herum, dass unser globales Wirtschaftssystem einfach nicht funktioniert. Auf der ganzen Welt sind wir Zeugen einer wahrhaft positiven kulturellen Entwicklung. Wir lernen wieder, was die alten indigenen Kulturen wussten: dass das »Innere« und das »Äußere«, das Menschliche und das Nicht-Menschliche untrennbar miteinander verwoben sind. Wir beginnen, in uns die Welt zu sehen – das große, voneinander abhängige Netz des Lebens bewusster zu erfahren, von dem wir selbst ein Teil sind.

Coda

EIN GESPRÄCH MIT WENDELL BERRY

Wendell Berry ist ein sehr beliebter amerikanischer Landwirt, Dichter, Essayist und ausgesprochener Verfechter landbasierter Lebensweisen. Auch für mich ist er seit über 30 Jahren ein geschätzter Freund, Kollege und eine starke Inspiration. Vor kurzem hatte ich die Gelegenheit, mit ihm über Themen zu sprechen, die uns beiden am Herzen liegen – und wohl auch den Lesern dieses Buches.

HELENA: Deine weisen Worte sind heute besonders wertvoll, da viele Menschen verzweifelt und deprimiert sind. Viele geben die Menschheit auf. Sie sagen Dinge wie: »Die Menschen sind einfach ignorant, dumm und gierig, und wir verdienen es, uns selbst auszulöschen.«

WENDELL: Das scheint mir eine billige Ausrede zu sein. Ich denke, dass wir einige Verdienste vorzuweisen haben, und manche Verdienste sind auch in unserer Geschichte zu finden. Darin ist auch viel Schlechtes, keine Frage, aber das Interessante ist, zu versuchen, das Problem zu lösen, nicht, vor ihm wegzulaufen.

HELENA: Es ist auch wichtig zu erkennen, dass das eigentliche Problem nicht die menschliche Natur ist, sondern das, was ich als unmenschliches *System* bezeichne. Eines der größten Probleme, mit denen wir konfrontiert sind, ist, dass das System so groß geworden ist, dass wir nicht sehen können, was wir tun und wozu wir beitragen – unser Wirtschaftssystem hat ein so unmenschliches Ausmaß angenommen, dass es wie eine riesige Maschine geworden ist – ein globaler Moloch, der uns alle in Angst versetzt und ein schreckliches

Gefühl des Mangels erzeugt. Ich denke, deshalb glauben wir beide an einen Maßstab, bei dem die Menschen zumindest in der Lage sind, das Chaos zu erkennen, das sie verursachen.

WENDELL: Zunächst einmal muss man sagen, dass wir Menschen nur über eine begrenzte Intelligenz verfügen, und wir haben keine wirklich zuverlässige Voraussicht. Keiner von uns wird also eine Antwort auf das große Problem im ganzen finden. Was wir jedoch tun können, ist, unser Verhalten, unsere Geschichte und unsere gegenwärtige Situation nach einem besseren Maßstab zu beurteilen als nach »Effizienz« oder »Gewinn« oder nach jenen Maßstäben, die wir immer noch zur Bestimmung wirtschaftlicher Entscheidungen verwenden. Der Maßstab, auf den ich immer wieder zurückkomme, ist die Gesundheit der Welt, die dieselbe ist wie unsere eigene persönliche Gesundheit. Wir können unsere Gesundheit nicht von der Gesundheit von allem anderen trennen. Und wir haben heute genug aus der Ökologie gelernt, um zu wissen, dass Gesundheit eine sehr vielschichtige und undurchschaubare Komplexität von Beziehungen ist, die die Welt zu einem Ganzen macht. Und wenn sie ganz ist, kann sie nicht nur überleben, sondern dann ist sie auch schön. Und willkürlich aus rein wirtschaftlichen Gründen irgendeinen Teil dieses Ganzen auszugrenzen, ist ein großer Fehler. Nach den Maßstäben der Gesundheit müssen wir also alles in unserer Nächstenliebe einschließen. Dies ist eine Art von Nachbarschaftshilfe, und wir haben ziemlich gute Vorstellungen davon, wie wir unsere Nächsten behandeln sollten. Nicht nur unsere Freunde sind unsere Nächsten, es sind auch unsere Feinde und die nicht-menschlichen Geschöpfe, mit denen wir die Welt teilen.

HELENA: Anstelle der von dir erwähnten wirtschaftlichen Maßstäbe muss das Ziel das menschliche und ökologische Wohlbefinden sein. Wenn die Menschen stärker von der sie umgebenden lebendigen Gemeinschaft abhängig sind – sowohl von der menschlichen als auch von der nicht-menschlichen – dann wird offensichtlich, dass ihr Wohlergehen mit dem Wohlergehen aller anderen verbunden ist. In unserem heutigen, von weiten Entfernungen geprägtem System, das von abstrakten Ideen und Institutionen abhängt, und in dem wir nicht einmal unsere Herren – die großen globalen Banken und andere Institutionen – sehen, geraten wir in einen Zustand von Ignoranz und sogar Irresein.

WENDELL: Mir scheint, dass alles von unserer Fähigkeit abhängt, Grenzen zu akzeptieren. Und das gegenwärtige Wirtschaftssystem erkennt überhaupt keine Grenzen an. Aber wenn wir die Existenz von Grenzen und die Notwendigkeit, sie zu respektieren, anerkennen, ist es möglich, sich eine Wirtschaft vorzustellen, die sich um die guten Dinge kümmert, die wir in unserer unmittelbaren Nachbarschaft haben, anstatt einer Wirtschaft, die »Ressourcen erschließt« – was bedeutet, Ressourcen in Reichtum zu verwandeln (was Geld heißt), – und fast zwangsläufig zur Zerstörung führt. Geld ist eine Abstraktion. Güter sind etwas Bestimmtes und immer innerhalb von Grenzen verfügbar – von natürlichen Grenzen und den legitimen Grenzen unseres Verbrauchs.

HELENA: Und damit wir diese Grenzen erkennen können, brauchen wir eine stärker auf den Menschen ausgerichtete, lokalisierte Wirtschaft.

WENDELL: Es würde es noch besser treffen, wenn wir von einer Gemeindewirtschaft sprechen und mit Wirtschaft die ursprüngliche Bedeutung von »Haushaltung« oder »Haushaltsführung« meinen. Das würde bedeuten, dass wir uns so gut wie möglich um die Lebensgrundlagen kümmern, zuerst um die Hauswirtschaft, dann um die Nachbarschaftswirtschaft und dann um die Gemeinwirtschaft. Von dort aus können wir nach dem Prinzip der Gemeinschaft weitermachen, wenn wir es im Sinne von »dem, was wir alle gemeinsam haben« verstehen, und als Verpflichtung, sich um all das zu kümmern. Aber das wird nur lokal und innerhalb von Grenzen zu bewältigen sein. Die Grenzen liegen unter anderem in unserer eigenen Intelligenz und in unserer Fähigkeit, verantwortlich zu handeln.

HELENA: Was ich in alten traditionellen Kulturen gesehen habe, ist, dass sogar die Sprache die Menschen daran erinnerte, dass ihr Erfahrungswissen wirklich das einzig zuverlässige Wissen ist. So konnte man zum Beispiel im alten Tibetisch nicht sagen: »In meinem Garten sind jetzt die Äpfel reif«, und dann im nächsten Satz: »In China geschieht dies und jenes.« Stattdessen wäre man gezwungen, zu bekennen, dass man nie in China gewesen sei und nur aus zweiter oder dritter Hand gehört habe, was dort passiere. Eine der großen Tragödien besteht darin, dass wir dem Wissen aus zweiter Hand mehr vertrauen als dem Erfahrungswissen und wir das Erfahrungswissen als anekdotisch und wertlos *verunglimpfen*. Und natürlich wurde dies durch die auf das Zählbare ausgerichtete und sehr reduktionistische moderne Wissenschaft noch verstärkt.

WENDELL: Ich denke, was du hier bezeichnest, ist einfach die Grundregel aller menschlichen Erkenntnis. Diese Regel lautet, dass man wissen muss, wovon man spricht. Man muss mit Beweisen kommen. Und das gilt für alle Bereiche, vom Gericht bis zum Labor des Wissenschaftlers. Wenn du eine Behauptung aufstellst, musst du sie mit etwas untermauern, das du tatsächlich wissen und beweisen kannst. Wir müssen also unterscheiden zwischen Wissen und Spekulation, Wissen und Wunschdenken, Wissen und Projektionen oder Vorhersagen. All das gehört einfach zum verantwortungsvollen Denken dazu.

HELENA: Aber natürlich dienen jetzt Wissenschaft und Wissen dem Profit, was zu sehr schlampigen Beweisen führen kann. In der chinesischen Medizin zum Beispiel werden Dinge seit buchstäblich zehntausend Jahren getestet und erprobt – aber in der modernen Welt wird die Zeit zwischen der sogenannten Entdeckung und der Marktanwendung manchmal in Monaten gemessen. In der Zwischenzeit haben die Auswirkungen dieser neuen Entdeckungen das Potential, das gesamte Leben auf der Erde zu beeinflussen – zum Beispiel die Genmanipulation.

WENDELL: Auch hier geht es, wie mir scheint, um die Akzeptanz einer Grenze. Eine Wissenschaft, die Grenzen akzeptiert, würde einem Ökosystem oder einem menschlichen Körper keinen Schaden zufügen. Das ist etwas ganz anderes als die Art von Wissenschaft, die nach der »endgültigen« Wahrheit strebt und alles tut und jede

Gewalt anwendet, um ihre Entdeckungen zu machen. Allzu oft stellt sich heraus, dass es sich um Produktentwicklung handelt und die Menschen, die die Entdeckung machen, nicht in der Lage sind, ihre Anwendung zu kontrollieren. Die Atomwissenschaftler, die die Atombombe entwickelt haben, sind ein sehr gutes Beispiel dafür. Aber das gilt auch für Chemiker, die giftige Substanzen für einen begrenzten Verwendungszweck entwickeln, die sie dann aber auf den Markt und in die Welt loslassen. Sie entwickeln also eine Chemikalie zur Unkrautbekämpfung und stellen nur die Frage, ob das Unkraut vernichtet wird oder nicht; sie fragen aber nicht, was passiert, wenn das Mittel in die Flüsse gelangt.

HELENA: Aus diesem Grund muss es das Vorsorgeprinzip geben, wie es uns Rachel Carson in Erinnerung gerufen hat. Aber die einzigen Instanzen, die wirklich in der Lage sind, das Vorsorgeprinzip durchzusetzen, sind die Regierungen – aber die Handelsverträge und die Globalisierung der Wirtschaft haben den riesigen multinationalen Unternehmen mehr und mehr Macht über die Regierungen gegeben. Wir haben in den letzten 30 Jahren die enormen Schäden gesehen, die diese Machtverschiebung verursacht hat. Und mit dem Zusammenbruch der Finanzmärkte im Jahr 2008 war es klar, dass wir eine Regulierung brauchen: Aber das ist nicht geschehen.

WENDELL: Die globale Wirtschaft unterliegt fast per Definition keiner Regulierung. Und das bedeutet ganz einfach, dass Konzerne unbegrenzt nach wirtschaftlichen Vorteilen streben können, wo auch immer in der Welt diese Vorteile zu finden sind. Wenn ich in den letzten Jahren darüber nachgedacht habe, kam es mir so vor, als hätten wir seit etwa 500 Jahren eine globale Wirtschaft – seit der Zeit von Kolumbus. Das hat uns zur Annahme geführt, dass wir, wenn wir etwas Lebensnotwendiges hier nicht haben, es von irgendwo anders herbekommen können. Dies ist die schädlichste Idee, die wir je hatten. Sie ist immer noch aktuell und rechtfertigt noch immer Plünderung, Diebstahl und Versklavung. Es ist eine krasse Einbildung oder etwas Unwirkliches: die Vorstellung, dass wir, wenn wir es hier nicht haben, es von irgendwo anders bekommen können – wenn wir es hier verbraucht haben, holen wir es von woanders. Das ist der Stoff, aus dem Hirngespinste sind. Letztendlich ist es verkehrt, es ist einfach eine Lüge.

HELENA: Beängstigend ist, dass in den Konzernzentralen erkannt wird, dass die Globalisierung nicht funktioniert und eine Verlagerung vom Globalen zum Lokalen notwendig ist – aber sie reden vom Gegenteil von dem, worüber du und ich reden. Es geht um riesige multinationale Konzerne, die Roboter einsetzen, um Waschmaschinen in Amerika herzustellen anstatt in China.

WENDELL: Das macht die ganze Welt zu einer Kolonie.

HELENA: Ja.

WENDELL: Ich bin ein Amerikaner vom Lande, und zwar aus Kentucky. Ich lebe in einem Staat, der mein ganzes Leben lang eine Kolonie war, wahrscheinlich mindestens seit dem Bürgerkrieg. Wir sind ein kohleproduzierender Staat. Einige unserer Bezirke sind von ihrer natürlichen Ausstattung her die reichsten der Welt, und das Ergebnis ist, dass es jetzt praktisch zerstörtes Land mit vielen Menschen, die sehr arm sind, ist. Das ist das Ergebnis einer grenzenlosen Wirtschaft. Der einzige Ausweg, den wir haben, ist zu versuchen, zu erkennen, dass das, was wir hier haben, wert ist, erhalten zu werden, und Wege zu finden, es zu erhalten – und das bedeutet, dass wir uns auf diese Bewegung »lokale Wirtschaften« zurückbesinnen müssen. Wir sollten unsere Bedürfnisse befriedigen und den Überschuss exportieren. Wir sollten niemals die Notwendigkeiten unseres eigenen Lebens exportieren. Ich denke, der Test, der ultimative Test, ist, ob wir an schönen Orten leben oder nicht. Wo immer sich Hässlichkeit ausgebreitet hat, haben wir das erste Anzeichen von Ausbeutung und Erschöpfung.

HELENA: Und von Krankheit. Weißt du, es ist so interessant, wie Schönheit und Gesundheit zusammengehören. Und das Hässliche ist Teil der Krankheit: des Landes und der Menschen.

WENDELL: Wenn wir einen geliebten Menschen haben, dem es schlecht geht, sagen wir: »Du siehst nicht gut aus.« Und damit meinen wir, dass sich eine Art von Hässlichkeit in den Körper eingeschlichen hat.

HELENA: Es geht nicht nur um Schönheit allein: Wenn wir über Gesundheit sprechen, sprechen wir auch über Glück – wir sprechen über inneres psychologisches und spirituelles Wohlbefinden und über Fürsorge und Pflege von anderen und von sich selbst. Es ist also alles miteinander verbunden.

Du sprachst auch von einer »Bewegung« hin zur lokalen Wirtschaft. Widerstrebt es dir, diesen Begriff »Bewegung« zu verwenden?

WENDELL: Das Wort »Bewegung«? (Lachen). Ja, ich habe einmal einen Aufsatz mit dem Titel »Im Misstrauen gegenüber Bewegungen« geschrieben. Ich habe ein Problem mit Bewegungen, und der Grund, warum ich es sozusagen in Anführungszeichen setze, ist, dass sie dazu neigen, sich zu spezialisieren. Zum Beispiel gibt es jetzt eine Bewegung gegen den Klimawandel, die sich sehr spezialisiert hat, während die eigentliche Lösung für ein Problem wie dieses darin besteht, eine Wirtschaft zu haben, die sich um alles kümmert – eine inklusive Wirtschaft, nicht nur eine Wirtschaft des Geldverdienens. Deshalb bin ich in Hinblick auf Bewegungen immer ein wenig besorgt. Sie werden gewissermaßen zu Modeerscheinungen, und dann gehen sie unter, weil sie zu spezialisiert sind.

HELENA: Ganz genau. Es ist sehr beängstigend, dass die Klimabewegung so spezialisiert ist, denn sie kann sogar destruktiv sein, besonders wenn man von marktbasierten »Lösungen« wie dem Kohlenstoffhandel und den Kohlenstoffkompensationen spricht. Deshalb plädiere ich für das, was ich als »Aktivismus im großen Ganzen« bezeichne: für eine Verlagerung vom Globalen zum Lokalen. Wenn wir die vielfältigen Vorteile der Lokalisierung sehen, wird klar, dass es nicht um Spezialisierung geht, sondern um Anpassung an die Vielfalt. Ich sage oft, dass Lokalismus »der Ismus ist, der alle Ismen überwindet«, weil er diese Anpassung an die Vielfalt mit sich bringt. Das ist das Gegenteil einer Bewegung, die eine Standardlösung oder ein Standardprodukt aufdrängen will. Jede Art von Monokultur ist tödlich.

WENDELL: Das ist richtig. Der Lokalismus würde aufhören, ein Ismus zu sein, sobald die Menschen vor Ort an die Arbeit gingen.

Einer der Fehler bei diesen großen Bewegungen ist, dass sie den Menschen nicht sagen, sie sollen nach Hause gehen und sich an die Arbeit machen, um die Dinge zu verbessern. Es sind Bewegungen, die Druck auf die politischen Eliten ausüben. Und in diesem Sinne lenken sie von den wirklichen Problemen ab, die alle lokal sind.

HELENA: Das ist ein Punkt, an dem wir uns vielleicht unterscheiden. Denn ich glaube, dass wir sowohl »Widerstand« als auch »Erneuerung« gleichzeitig brauchen. Was ich mit »Widerstand« meine, ist in erster Linie, dass wir uns lokal zusammenschließen, um dem Vormarsch der globalen Monokultur von oben nach unten in all ihren zerstörerischen Formen zu widerstehen. Aber es bedeutet auch, sich mit anderen Gruppen im ganzen Land und sogar in der ganzen Welt zu vernetzen, um auf eine Art von Demokratie zu drängen, bei der die Menschen eine Wahl haben. Wollen sie von Robotern ersetzt werden? Wollen sie versklavt werden, um die Lebensmittel zu verkaufen, die sie für ihre lokale Wirtschaft benötigen? Oder wollen sie lieber ihre Vorschriften, Steuern und Subventionen umgestalten, damit diese die lokalen Wirtschaften weltweit unterstützen? In diesem Sinne glaube ich, dass, wenn wir mit der Arbeit zu Hause beginnen, wir auch unsere Stimmen erheben sollen, um gemeinsam zur Rückkehr in die Heimat aufzurufen.

WENDELL: Du fragst mich also, Helena, ob ich über die Bedeutung des lokalen Kontextes und der lokalen Arbeit hinaus auch an politische Veränderungen glaube? Die Antwort lautet: Natürlich tue ich das. Und ich habe einen guten Teil dieser Arbeit geleistet. Wes Jackson und seine Leute vom Land Institute haben eine Agrarpolitik mit der Bezeichnung »50-Jahres-Agrargesetz« erarbeitet, die im wesentlichen vorschlägt, unsere Landwirtschaft von einer 80-prozentigen Abhängigkeit von einjährigen Kulturen und einer 20-prozentigen Abhängigkeit von mehrjährigen Pflanzen auf das Gegenteil umzustellen – eine 80-prozentige Abhängigkeit von mehrjährigen Pflanzen und eine 20-prozentige Abhängigkeit von einjährigen Pflanzen. Diese Änderung, die eine politische Änderung wäre, würde viele Probleme lösen, darunter auch in erheblichem Maße das Problem der globalen

Erwärmung. Es handelt sich um eine Politik, die insofern allgemein gültig ist, als sie auf nationaler Ebene in Kraft treten würde. Wenn sie jedoch richtig gemacht würde, müsste sie an verschiedenen Orten auf unterschiedliche Weise angewandt werden. Und das würde ein hohes Maß an lokalem Wissen und lokaler Intelligenz erfordern.

HELENA: Deshalb brauchen wir lokales Wissen, um zu überleben. Und das wird natürlich mit dem Tod der Sprachen ausgelöscht, der mit dem Tod der Arten einhergeht.

WENDELL: Wenn sich das Wissen an einem Ort über eine lange Lebensdauer und über die aufeinanderfolgenden Leben in Familien und Gemeinschaften hinweg ansammelt, wird das lokale Wissen fast instinktiv und zu einer Frage der Methoden und der angewandten Liebe.

HELENA: Ja, genau das habe ich in traditionellen Kulturen gesehen, und es hat mich tief beeindruckt. Für entwurzelte, verstädterte Menschen, die sich bemühen, zur Gemeinschaft und zum Land zurückzukehren, ist alles so schwierig, denn es gibt nicht dieses überlieferte und fast instinktive Wissen. Wir sind uns nicht bewusst, wie viel wir verloren haben und wie viel wir noch verlieren werden, wenn wir dieses Geschenk des ererbten lokalen Wissens nicht wirklich verstehen. Dieses Geschenk besteht unter anderem darin, mehr Zeit zu haben, um die Dinge zu tun, die uns Spaß machen: spielen, feiern, singen und gemeinsam musizieren – um das Leben und die Schönheit um uns herum wirklich zu genießen. Dies ist tatsächlich eine Einladung zu einem reicheren, freudigeren Leben.

WENDELL: Ich glaube, das stimmt. Mein Verlag Counterpoint Press hat gerade ein Buch mit dem Titel *Round of a Country Year* von meinem Freund David Kline veröffentlicht, der ein amischer Bischof in Holmes County, Ohio, ist. Holmes County ist ein sehr gutes Beispiel, denn es ist die größte amische Siedlung des Landes, in der eine Farm wie die andere kleine amische Familienbetriebe sind. Davids Buch – das eigentlich eine Art Tagebuch ist, in dem er Tag für Tag das ganze Jahr über seine Arbeit festhält – ist bemerkenswert, weil er so glücklich ist. Niemand ist überarbeitet, denn es sind viele Menschen da. Der Maßstab ist richtig. Sie haben gewisse Grenzen akzeptiert, und die Leute sind selten in Eile. Es ist eines der beglückendsten Bücher, die ich seit langem gelesen habe. Und ich würde es als Beispiel für genau das, wovon du sprichst, empfehlen.

HELENA: Gott sei Dank gibt es noch einige Gemeinschaften, die in der Lage sind, dieses Verhältnis von Menschen zur Arbeit, zum Land aufrechterhalten zu können, um sich ihre Grundbedürfnisse zu erfüllen. Ich habe das in Ladakh deutlich gesehen: Wie unglaublich einfach es war, weil es bei der Ernte, beim Bau eines Hauses viele Menschen gab. Alles geschah in aller Ruhe und mit sehr viel Zeit für Feiern und Feste als Teil der Arbeit.

WENDELL: Das liegt zum Teil daran, dass vieles davon traditionell ist. Sie sind außerordentlich geschickt, und diese Dinge mildern die Schwierigkeiten. Ich denke, dass der Erfolg der Amischen wirklich auf ihrer Fähigkeit beruht, sich in wirtschaftlicher Hinsicht die Idee zu eigen zu machen, dass wir unsere Nächsten lieben sollten wie uns selbst. Wenn man seinen Nächsten liebt, wird man ihn nicht durch eine Maschine ersetzen, geschweige denn durch einen Roboter.

HELENA: Lass uns ein wenig mehr darüber reden. Sieh dir an, was uns versprochen wurde: dass der Computer uns diese erstaunliche neue Informationsgesellschaft bescheren würde, in der es keine Industrie mehr gibt und wir alle in unseren schönen Dörfern leben und nur ein bisschen an unseren Computern arbeiten. Und schauen wir uns an, was passiert ist und was wahrscheinlich mit jeder neuen Technologiewelle geschehen wird.

WENDELL: Ich denke, das ist selbstmörderisch – es ist die Auswirkung des Todeswunsches bei uns: dass wir das Leben unseres Körpers, unser physisches Leben, nicht mehr leben wollen. Die Vorstellung, dass man sein Autofenster nicht mehr selbst hochkurbeln kann, ist absurd. Aber es ist überhaupt die Abneigung gegen den Einsatz des Körpers für irgendetwas… außer vielleicht für Sex. Und ich nehme an, es wird nicht mehr lange dauern, bis wir einen Roboter haben, der das für uns erledigt. Und das wird ein sehr radikaler Rückschlag sein. (Lachen)

HELENA: Schon jetzt kümmern sich Roboter um alte Menschen, Roboter fungieren als Ersatzkinder… Ich habe den Unterschied gesehen: zwischen Kindern, die Kontakt zu ihren jüngeren Geschwistern haben und sich um sie kümmern, die lebendige Tiere haben anstelle von toten Stofftieren oder Puppen.

WENDELL: Wenn man jemanden liebt, muss man Möglichkeiten haben, seine Liebe auszuleben. Und das wäre das Kümmern um die Kinder und die alten Menschen. Das Auflegen der Hände. Das ist der einzige Weg, wie wir es tun können. Wir können unsere Liebe nicht verwirklichen, indem wir einen Roboter anheuern, der das tut. Und dasselbe gilt für die Welt. Wenn wir zulassen, dass Maschinen, egal ob Roboter oder nicht, zu sehr zwischen uns und dem Ackerland oder dem Waldland, das wir nutzen, geschaltet sind, beginnen wir, es zu zerstören. Wir fangen an, das zu zerstören, was Ökonomen die »Ressource« nennen würden. Und schließlich hat dies auch ganz praktische wirtschaftliche Auswirkungen. Eine weitere Auswirkung sind natürlich Krankheiten.

HELENA: Ich wünschte, mehr Menschen würden verstehen, wie sehr Krebs, Herzkrankheiten und andere Krankheiten zunehmen. Viele Menschen sind sich dessen nicht bewusst. Sie glauben immer noch, dass es nur daran liegt, dass wir länger leben.

WENDELL: Wes Jackson schickte mir kürzlich ein Schild, das er in einem Motel in Colorado mitgenommen hatte, auf dem stand: »Wenn Sie schwanger sind oder ein Kind stillen, trinken Sie dieses Wasser nicht.« Das hat nichts mit Langlebigkeit zu tun, sondern mit Gift im Trinkwasser. Vor kurzem habe ich mich bemüht, herauszufinden, warum die einheimischen Schwarzweiden an meinem Fluss verschwunden sind. Dabei entdeckte ich, dass einige Wissenschaftler herausgefunden – und in einer anerkannten Fachzeitschrift veröffentlicht – hatten, dass es in den Flüssen des Mittleren Westens zu viel Glyphosat (also Roundup) gibt. Ich rief ein paar dieser Wissenschaftler an und sagte: »Ich sehe, Sie haben herausgefunden, dass in den Flüssen des Mittleren Westens zu viel Glyphosat vorkommt.« »Oh ja«, sagten sie, »es ist viel zu viel.« Ich fragte: »Können Sie mir sagen, wie sich das auswirkt?« Und die Antwort war, dass »viele Leute das gerne wissen würden«. Da haben wir die Schwierigkeit, eine Ursache einer Wirkung zuzuordnen: in der Welt im allgemeinen, aber besonders in einem großen, fließenden Wassersystem. Wir wissen also, dass die giftigen Chemikalien vorhanden sind, aber wir werden es sehr schwer haben, herauszufinden, welche die genaue Wirkung ist. Es gibt, wie du vorhin sagtest, ein Vorsorgeprinzip. Und das Vorsorgeprinzip besagt, dass man kein Gift ins Wasser gelangen lassen soll.

HELENA: Ja, und man soll nichts tun, wenn man keine Ahnung von den Auswirkungen hat.

WENDELL: Wir wissen nicht viel über die Zukunft, und das wiederum gemahnt uns, unsere Arbeit in einem angemessenen Rahmen zu halten und nicht zu schnell zu viel zu tun. Wes und ich haben sehr ausführlich über den Unterschied gesprochen: zwischen einem Verhalten, das auf der Annahme beruht, dass man nichts sicher weiß, und einem Verhalten, das auf der Annahme beruht, dass man bereits alles weiß oder bald alles wissen wird, was wir wissen müssen.

HELENA: Ganz genau. Ein befreundeter Physiker aus Deutschland sagte mir, dass das Erschreckende sei, dass die moderne Wissenschaft so vernarrt in ihre Fähigkeit ist, Vorhersagen zu treffen, Modelle zu erstellen und so weiter, aber sie operiert nur in der Sphäre der vom Menschen geschaffenen Welt. Was das Verständnis des Lebens angeht – wie ein Samen reift, wie unser Körper tatsächlich funktioniert – ist die Unwissenheit noch immer enorm. Der nächste Schritt ist nun der Übergang in eine Welt, in der es nicht nur Roboter gibt, sondern auch 3D-Drucker, fahrerlose Autos (die natürlich wiederum Roboter sind)… Es ist sehr beängstigend, dass die Menschen so sehr auf die vom Menschen geschaffene Welt fixiert sind. Und uns, Wendell, würden sie sagen, wir seien utopisch, total unrealistisch. Für sie ist die reale Welt diese kommerzielle, vom Menschen geschaffene Welt.

WENDELL: Es ist eine seltsame Utopie, die darauf gründet, dass die Menschen absolut passiv sind. Und das wiederum, so scheint mir, hat mit der Todessehnsucht zu tun, die dasselbe ist wie die Sucht. Die Sucht äußert sich nicht nur in der Abhängigkeit von einer Droge. Hier im ländlichen Amerika, in meiner kleinen Ecke, sterben unsere Kinder an der Drogensucht. Aber während der Drogensucht eine gewisse Aufmerksamkeit zuteil wird, sind junge Menschen auch süchtig nach Computern – das ist genauso eine Sucht, und niemand kümmert sich darum. Auch diese Sucht entfernt die Person physisch vom Leben in der Welt. Sie scheint mir tödlich, selbstmörderisch und absolut ruinös zu sein.

HELENA: Wusstest du, dass es mancherorts Kliniken gibt, die sich um bildschirmsüchtige Jugendliche kümmern? Ich weiß nicht, ob es sie in Amerika gibt, aber in Südkorea gibt es sie.

WENDELL: Das ist natürlich sehr profitabel, und das bedeutet, dass es tatsächlich zum Wirtschaftswachstum beiträgt. Wenn man mit dem Verkauf eines Geräts, das süchtig macht, Geld verdienen kann, und dann noch Geld verdient, indem man Menschen von ihrer Sucht heilt: ein großartiger Geschäftsplan.

HELENA: Genauso wie viele Krebserkrankungen und Chemotherapien das BIP erhöhen.

WENDELL: Ja, das ist richtig. (Lachen) Es hängt alles von Unglücklichsein, Krankheit, Unwohlsein und dem ganzen Rest ab. Hässlichkeit.

HELENA: Aber ist es nicht bemerkenswert, dass so wenige Umweltschützer mit uns übereinstimmen und über den Begriff des BIP einfach nur lachen? Wenn man erst einmal verstanden hat, dass das BIP mit dem Niedergang ansteigt, sollten wir uns alle die Hände reichen und einen grundlegenden Wandel in der Wirtschaft fordern.

WENDELL: Eine der Wurzeln des Problems ist der Fokus der Umweltschützer. Die Naturschutzbewegung hat sich seit hundert Jahren, zumindest in diesem Land, auf die Erhaltung der Wildnis konzentriert – auf Orte mit spektakulären Felsen und Wasserfällen – auf Kosten dessen, was ich als »Wirtschaftslandschaften« der Land- und Forstwirtschaft und des Bergbaus bezeichnen würde. Die Politiker haben die Umweltbewegung mit der Ausweisung von Wildnisgebieten zum Schweigen gebracht. In der Zwischenzeit haben sie die Konzerne in den Wirtschaftslandschaften völlig unkontrolliert und außerordentlich zerstörerisch agieren lassen, ohne überhaupt wahrzunehmen, dass die natürliche Welt dort genauso existiert wie in den Naturparks.

HELENA: Gleichzeitig finde ich es so inspirierend, dass Gemeinden in der Lokalisierungsbewegung auf der ganzen Welt durch Diversifizierung wirklich gesunde Volkswirtschaften wieder aufbauen. Sie sind wie kleine Diamanten von Schönheit und Freude in der Landschaft, nicht wahr?

WENDELL: Das sind die Beispiele, die wir uns genauer ansehen und auf die wir schauen müssen. Und immer hängt diese Lokalisierung von einer Wiederbelebung des Nachbarschaftsprinzips ab. Die Menschen können dies nur tun, wenn sie sich gegenseitig helfen, und ich höre, wie Landwirte zum Beispiel ihren Betrieb verkleinert, diversifiziert und die Zahl der Beschäftigten erhöht haben. Das, so scheint mir, ist die unumstößliche Antwort auf die Leute, die sagen: »Wir müssen die menschliche Natur aufgeben und der Natur den Gefallen tun, Selbstmord zu begehen.«

HELENA: Ein weiterer wichtiger Punkt ist, dass kleine, diversifizierte Betriebe stets mehr pro Einheit Land, Wasser und Energie produzieren als große Monokulturen. Wir müssen also die Lüge umdrehen: Es gibt nicht zu viele Menschen, um zu lokalisieren, zu viele Menschen, um kleine Betriebe zu haben. Denn genau das Gegenteil ist der Fall.

WENDELL: Kleine Bauernhöfe sind wirtschaftlich sinnvoll. Sie produzieren auch mehr Glück, mehr Schönheit, mehr Gesundheit – Dinge, die nicht quantifizierbar sind.

HELENA: …und mehr Möglichkeiten für Wildnis auf der Farm.

WENDELL: Ja. Das klingt erst einmal unlogisch, aber je mehr Grenzen man in der Agrarlandschaft hat, je mehr das Land durch Zaunreihen unterteilt ist, desto mehr Büsche gibt es. Diese buschigen Zaunreihen dienen als Korridore und Lebensräume für Wildtiere.

HELENA: Um mal das Thema zu wechseln: Was sagst du, wenn man dich als Amerikaner fragt: »Was denkst du über Trump und die Leute, die für Trump gestimmt haben?«

WENDELL: Nun, es gibt viel zu viele Verallgemeinerungen über das ländliche Amerika. Die Konservativen und Konzerne haben schon immer ein Auge auf das ländliche Amerika. Und sie haben es so schnell wie möglich zu Geld gemacht, was bedeutet, dass sie das Land und die Menschen zugrunde gerichtet haben. Die Liberalen und die Demokraten haben jetzt das ländliche Amerika entdeckt – eine Gegend, die ihnen so fremd ist, wie es damals Kolumbus war. Sie wissen nichts darüber und haben es kurzerhand abgestempelt, als ob jeder hier draußen im ländlichen Amerika ein rassistischer, sexistischer, rückständiger, ignoranter Mensch wäre. Aber das ist nicht wahr. Das Problem ist, dass das ländliche Amerika eine Kolonie war, zumindest während meiner Lebenszeit. Ich glaube nicht, dass seit 1945 oder 1950 irgendjemand dem ländlichen Amerika Aufmerksamkeit geschenkt hat. Sicherlich nicht seit 1952 als Eisenhowers Landwirtschaftsminister zu den Farmern gesagt hat: »Werdet groß oder verschwindet.« Sie haben das ländliche Amerika einfach den Konzernen und der Technologie überlassen. Und wenn sie jetzt nur herschauen und versuchen würden, zu erfahren, was hier los ist und in welch schrecklicher Lage wir uns befinden, könnten sie vielleicht eine politische Plattform entwickeln, die sinnvoll wäre und den Menschen eine echte Wahl ließe. Die Menschen haben für Trump gestimmt, nicht weil sie ihn mögen, sondern weil sie keine Hoffnung haben. Sie hatten nicht das Gefühl, dass sie auf die andere Seite zählen können. Ein befreundeter Pfarrer schrieb mir, dass die Großväter der Trump-Wähler aus der Landwirtschaft gedrängt worden sind. Ihre Eltern erlebten eine Generation mit gewerkschaftlich unterstützten guten Löhnen. Und sie – die Enkelkinder – haben nichts, worauf sie aufbauen oder worauf sie sich freuen können. Das ist eine schlimme Situation für Menschen, und von Menschen in einer solchen Lage eine aufgeklärte Wahl zu erwarten, ist vielleicht zu viel verlangt.

HELENA: Vor allem, wenn es kein aufgeklärtes Angebot gibt.

WENDELL: Wenn es eine aufgeklärte Alternative gäbe, sähe die Sache anders aus. Aber ich glaube nicht, dass irgendein Präsidentschaftskandidat eine Ahnung von der Existenz des ländlichen Amerikas hat, geschweige denn von den Problemen, die es dort gibt.

HELENA: Das ist so beängstigend, denn überall auf der Welt, in Ländern wie China, Indien und in den meisten Teilen Afrikas, werden die Bauern von ihrem Land vertrieben. Ihnen wird gesagt, dass das Landleben und sie selbst rückständig und primitiv seien und dass sie in die Stadt ziehen müssten, wenn sie respektiert werden wollen. Und Millionen von ihnen strömen in die Städte – ob in ihrem eigenen Land oder in einem anderen Land –, wo sie versuchen, Arbeit zu finden; aber es gibt keine Jobs. Die Folge sind wütende Reaktionen, die sich in vielen Fällen in lokalen ethnischen Spannungen und dann in Wut und Hass gegen den Westen, ja, sogar in Terrorismus äußern. So kommt es zu einem Zusammenbruch echter lokaler Ökonomien, die mit dem Land verbunden sind – es ist eine Zerstörung im Namen von Fortschritt und Effizienz. Wir sind jetzt an einem Punkt angelangt, an dem mehr als die Hälfte der Weltbevölkerung urbanisiert ist. Aber wir haben die Möglichkeit, mit lauter Stimme zu sagen: »Lasst uns den Ausknopf drücken an diesem Moloch, der die Menschen von ihren wirklichen Lebensgrundlagen wegzieht, und lasst uns dann eine Bewegung zurück zum Land beginnen.« Nicht jeder muss auf dem Land leben, aber wir brauchen Städte, die eine Beziehung zum Land um sie herum haben und in denen ein gewisser Freiraum vorhanden ist, damit wir den Kontakt zur Natur und zur wahren Quelle unseres Lebensunterhalts – zur Realwirtschaft – wieder herstellen können.

WENDELL: Wir brauchen Menschen auf dem Land, die in der Lage sind, als eine Art Lobby zu agieren, – um es zu verteidigen, aber auch, um es gut zu nutzen. Diese schrecklichen Probleme, von denen du sprichst, entstehen, weil eine Abwertung dieser Menschen für ihre Ausbeutung, für ihre Nutzung als Kolonien, notwendig war. Wenn man jemanden bestehlen will, muss man selbst davon überzeugt sein, dass er minderwertig ist, und dann muss man ihn davon überzeugen, dass er minderwertig ist. Ich habe schon zu viele Bauern auf Versammlungen gehört, die ihre Rede mit den Worten begannen: »Ich bin nur ein Bauer und weiß nicht viel.« Das hat man ihnen erzählt, und es ist grundfalsch, und es ist eine schreckliche Tragödie und Abwertung, von deren Wahrheit sie sich selbst überzeugt haben.

HELENA: Und jetzt sind es in den USA nur noch anderthalb Prozent, die Landwirtschaft betreiben?

WENDELL: Ich glaube nicht, dass es jemand mit Sicherheit weiß – es ist weniger als ein Prozent, aber du weißt, dass das Census Bureau vor einigen Jahren aufgehört hat, Landwirte zu zählen, weil sie keine demografisch signifikante Bevölkerungsgruppe sind. Nur sehr wenige Menschen, die noch in der Landwirtschaft tätig sind, verdienen ihren Lebensunterhalt ausschließlich dort. Sie arbeiten in der Stadt oder ihre Ehepartner arbeiten in der Stadt – irgendetwas anderes wird getan, um das mitzutragen, was sie aus Liebe zur Landwirtschaft tun. Wenn sie es nicht gerne täten, würden sie es nicht tun.

HELENA: Ich wurde kürzlich zu einem Brainstorming mit einer Gruppe von Umweltschützern, Klimaaktivisten und Denkern eingeladen, um die Ursachen der Probleme und die wichtigsten Lösungen für die Zukunft zu ermitteln. Und es war schockierend für mich, dass ich drei Tage lang in einer Gruppe von 20 Personen die einzige war, die sich auf Lebensmittel und Landwirtschaft bezog. Und als ich dann zum dritten Mal versuchte, das Thema anzusprechen, sagte jemand: »Nun, *ich* möchte keine Landwirtschaft betreiben«, und die unausgesprochene Schlussfolgerung der Gruppe lautete: »…deshalb ist Landwirtschaft nicht wichtig.«

WENDELL: (Lachen) Das ist wahrscheinlich eine intelligente Person, die etwas absolut Dummes sagt. Nun, ich denke, das Einzige, was man braucht, ist: Wenn man sich für Lebensmittel interessiert, und das ist ein legitimes Interesse, muss man bereit sein, zu verfolgen, wie sie sich in unserem Wirtschaftsleben verzweigen. Wir brauchen nicht jeden auf dem Bauernhof, Gott bewahre, aber wir brauchen die Unterstützung der Stadt, und die Bodennutzung muss personell viel besser ausgestattet sein, als sie es ist. Das zu sagen bedeutet, dass wir sehr viel Geduld aufbringen müssen; es wird lange dauern, bis wir das geschafft haben. Aber wir müssen dabei mitwirken.

HELENA: Auch hier glaube ich wirklich an die Botschaft »Widerstand und Erneuerung«, denn ich glaube, dass der Teil des Widerstands eine Volksbewegung umfassen würde, die einen Politikwechsel fordert. Erst gestern Abend hielt ich einen Vortrag am Schumacher College, und jemand wies darauf hin, dass David Korten in einem seiner Bücher eine lange Liste von Dingen geschrieben hat, denen über 70 Prozent der Amerikaner zustimmen. Ich denke, wir alle sorgen uns um unsere Gemeinschaft, unsere Familie, unsere Freunde, unsere Gesundheit – wir wollen ein gesundes Klima und eine gesunde Welt. Aber in dem politischen Theater zwischen links und rechts, das wir heute erleben, wird keines dieser Dinge richtig angepackt.

WENDELL: Ich denke, du und ich sehen die Dinge von der Warte der Agrarkultur. Das hat nichts mit links und rechts zu tun. Es besagt einfach, dass das Land – die gegebene Welt – von höchstem Wert ist und dass die Pflege dieses Landes von größter Bedeutung ist. Wenn man von diesen beiden Punkten aus argumentiert, steht man außerhalb des aktuellen politischen Dialogs. Das müssen wir einfach akzeptieren. Aber es gibt immer mehr Menschen, die es verstehen. Die Bezirksregierungen und die Stadtregierungen begreifen es langsam. Ich glaube nicht, dass in Amerika die Regierungen der Bundesstaaten und die nationale Regierung dies überhaupt verstehen können. Aber der Bezirksrichter in meinem Bezirk würde unser Gespräch vollkommen verstehen; der Gouverneur des Staates würde denken, dass wir eine Fremdsprache sprechen.

HELENA: Ist das nicht interessant? Es ist ein Muster, das ziemlich logisch ist, denn auf der Ebene des Gemeinderats reagieren die Verantwortlichen auf die Realitäten vor Ort – auf das, was die Menschen brauchen und was das Land braucht. Aber wenn man sich auf eine höhere Ebene begibt, sind sie in ihrer utopischen Scheinwelt der Zahlen und Statistiken unterwegs. Ich sehe, wie das Bewusstsein nach oben sickert, und das ist sehr ermutigend – vor allem, wenn wir wissen, wie sehr die Menschen unter Druck gesetzt und unterdrückt wurden. Die Medien, die Regierung, die Finanzierung – all das war nicht da, um diese Landwirtschaftsbewegung und diese neue Bauernbewegung zu unterstützen. Aber auch die Tatsache, dass viele junge Menschen jetzt in die Landwirtschaft einsteigen wollen – ist das nicht das Ermutigendste von allem?

WENDELL: Ja, es ist inspirierend, dass sie es wollen. Es ist noch viel inspirierender, wenn sie es versuchen und in der Lage sind, fünf Jahre lang dabeizubleiben. Denn es besteht ein großer Unterschied zwischen »wollen« und »tun« und zwischen »tun« und »überleben«. Es gibt also manche junge Leute aus dem städtischen Umfeld, die mit der Landwirtschaft begonnen haben, und einige von ihnen machen das auf bewundernswerte Weise, aber mit Schwierigkeiten, und das muss gesagt werden. Wir müssen dafür sorgen, dass die Menschen von Dingen ausgehen, die tatsächlich funktionieren. Von echtem Wissen, hier unten am Boden.

HELENA: In unserer Organisation ermutigen wir die Menschen, diese globale techno-ökonomische Monokultur wirklich zu verstehen, damit sie viel strategischer vorgehen können, wenn sie ihre Projekte starten. In Südkorea zum Beispiel war mein Buch *Ancient Futures* ein Bestseller und verkaufte sich eine halbe Million Mal, und man hat mir gesagt, dass es unter jungen Leuten zu einer Bewegung zurück auf das Land geführt hat, aber erst in späteren Jahren konnte ich mit ihnen arbeiten und wirklich sicherstellen, dass sie verstanden haben, was ich sagte: dass sie eine Gemeinschaft brauchen – und das bedeutet, dass sie nicht einfach loslegen und denken, es ginge nur darum, etwas auf dem Land zu produzieren. Oder wenn man versucht, von der Landwirtschaft zu leben, versucht man, die Zahl der Menschen, die das einem gleichtun, zu vergrößern. Aber es handelt sich insbesondere um dieses Verständnis: dass wir eine Gemeinschaft brauchen.

WENDELL: Die große Waffe, die das industrielle Lebensmittelsystem gegen die Landwirte eingesetzt hat, ist die Überproduktion – und die Landwirte werden zwangsläufig überproduzieren. Es gibt keine Möglichkeit, dies ohne eine Art von Organisation, eine Art von Politik auf irgendeiner Ebene zu verhindern. Es gibt zwei Gründe für die Überproduktion: Der eine ist die Hoffnung, der andere die Verzweiflung. Aus welchem Grund auch immer, die Landwirte produzieren so viel sie können. Und das bringt sie um das, was man hier als »Preisvorstellung« bezeichnen könnte. Wenn sie mit ihren Erzeugnissen in die Stadt gehen, haben sie dann einen Preis, den sie verlangen können, eine Preisvorstellung? Die Antwort ist, dass die Landwirte in der langen Geschichte der Landwirtschaft nur sehr selten einen Preis verlangen konnten. Sie haben ihre Produkte einfach auf den Markt gebracht und akzeptiert, was man ihnen angeboten hat. Und genau hier muss die Aufklärung der landwirtschaftlichen Bevölkerung ansetzen – mit der Frage: »Hattet ihr jemals eine Preisvorstellung?« Nun, ein gutes Beispiel für die richtige Antwort darauf ist das Tabakprogramm, wie es hier in meinem Teil des Landes organisiert wurde. Es ist schade, dass es sich um Tabak handelte, weil er mit diesem Stigma behaftet ist, aber es würde für jedes Produkt funktionieren. Und es war einfach ein Programm, das sagte: »Wir geben euch so viel«, und es war ein existenzsicherndes Einkommen, das auf dem Prinzip der Parität beruhte. Aber »wir werden euch nur so viel abnehmen; ihr könnt nur so viel auf den Markt bringen« – also dies kombinierte Preisstützung mit Produktionskontrolle, und das ist es, was man tun muss, sonst produzieren sich die Landwirte selbst in den Bankrott. Das heißt, sie werden sich selbst zugrunderichten. Und es wird immer schlimmer, je mehr sie in der Lage sind, mehr zu produzieren; und es wird noch schlimmer, wenn sie die Subsistenzwirtschaft aufgeben.

HELENA: Da »Subsistenz« auch mit einem gewissen Stigma behaftet ist, bevorzuge ich den Begriff der »diversifizierten lokalen oder regionalen Wirtschaft«. Und natürlich sind alle Infrastrukturen und Technologien, die für diese diversifiziertere, gesunde Wirtschaft nützlich sein können, entweder zerstört oder an den Rand gedrängt oder gar nicht erst erfunden worden. Es gibt doch noch einen solchen Spielraum für wirklich geeignete Technologien, oder?

WENDELL: Industrien, die einen Mehrwert für die Produkte des Landes schaffen, müssen nicht so groß sein wie eine Flugzeugfabrik. Wir haben jetzt wieder eine sehr gute kleine Schlachterei, hier in unserem Bezirk. Und das eröffnet eine Menge Möglichkeiten. Meine Tochter versucht, hier eine Rindfleischgenossenschaft zu gründen, um das Fleisch für die Bauern zu vermarkten – in deren Interesse. Und es würde dann hier verarbeitet werden. Sonst verschwindet es aus der Gemeinde, ohne dass es der Gemeinde viel nützt. Wenn unsere Bäume diese Gemeinde als rohe Stämme oder Rohholz verlassen, hat die Gemeinde nicht viel davon.

HELENA: Außerdem hat das System der Industriegesellschaft den Preis für menschliche Arbeit in die Höhe getrieben und den Preis für Energie und Technologie künstlich gesenkt und dadurch jedes einzelne Unternehmen ermutigt, mehr Energie und Technologie zu verwenden, während mehr Menschen auf den Müllhaufen geworfen werden. Wenn sich das ändern ließe, hätten wir eine völlig andere Wirtschaft und eine völlig andere Welt.

WENDELL: Eine Wirtschaft mit billigen Lebensmitteln ist eine Katastrophe. Aber wir müssen vorsichtig sein, wenn wir das sagen. Vom Standpunkt der Erzeuger aus gesehen sind Lebensmittel zu billig. Aus der Sicht der armen Verbraucher sind sie jedoch zu teuer. Es ist also eine komplexe Angelegenheit, und wir sollten es nicht zu sehr vereinfachen.

HELENA: Nein, aber es ist ziemlich klar, dass sogenannte »billige« Lebensmittel in Wirklichkeit sehr teuer sind, wegen all der Chemikalien und der Energie, die in der Nahrungskette stecken. Eine große Anzahl von Menschen ist nicht in der Landwirtschaft beschäftigt, sondern in einer ganzen Reihe von zerstörerischen Aktivitäten wie der Entwicklung neuer künstlicher Aromen, Zusatzstoffe, Konservierungsmittel, GVO und Menschen, die Lastwagen quer durchs Land fahren und das Zeug dann in riesige Containerschiffe – oder noch schlimmer in Flugzeuge – verladen und damit ein System mittragen, in dem Länder routinemäßig dieselben Produkte ein- und ausführen. Und dann gibt es die anderen, die an der Lebensmittelkette beteiligt sind, die Spekulanten, die vor den Computern sitzen und nach dem besten Preis suchen, wo auch immer dieser sein mag. Das führt zu großer Verschwendung; und dann werden diese in weiter Entfernung verarbeiteten, ziemlich giftigen Lebensmittel dank einer ganzen Reihe direkter und versteckter Subventionen zu einem niedrigeren Preis angeboten. Doch die lokale Lebensmittelbewegung zeigt, was passieren kann, wenn man die Entfernungen verkürzt: Man fördert die Umstellung von Monokulturen auf Diversifizierung auf dem Land, man reduziert den Energieverbrauch, die Verpackung, die Kühlung und den Abfall, man liefert gesündere Lebensmittel zu einem vernünftigen Preis, und man hat gesündere, wohlhabendere landwirtschaftliche Gemeinschaften.

WENDELL: Ich wurde in eine Landwirtschaft hineingeboren, die mit Sonnenenergie arbeitet. Und ich habe es nicht vergessen. Wir hatten diese Solarumwandler, die hießen Maultiere, und Menschen, und auf diese Weise haben wir die Arbeit gemacht. (Lachen).

HELENA: Wendell, sag mir noch mal, wie alt du bist…

WENDELL: Nun, manchmal denke ich, Helena, dass ich erst etwa 20 bin. Aber ich bin 83.

HELENA: Du klingst wie 20, und ich weiß, dass du stark und gesund bist wie mit 20.

WENDELL: Ich bin bei weitem nicht mehr so stark und ausdauernd wie früher, das kann ich dir sagen. Ich bin ganz natürlich.

HELENA: Völlig natürlich. (Lachen)

Quellenverzeichnis

1. Wieder eine Zukunft haben

1 David Pierson, »U.S. farmers making hay with alfalfa exports to China«, LA Times, June 8, 2014.

2 Elisabeth Rosenthal, »Environmental Cost of Shipping Groceries Around the World«, New York Times, April 26, 2008.

2. Globalisierung: Die Schaffung einer Welt, in der alle verlieren

1 Jeffrey D. Sachs, Der Preis der Zivilisation: Economics and Ethics After the Fall (Toronto: Random House Canada, 2011), 94.

2 New York Times Editorial Board, »Race to the Bottom«, New York Times, 5. Dezember 2012. Siehe auch: Louise Story, »As Companies Seek Tax Deals, Governments Pay High Price«, New York Times, 1. Dezember 2012; Philip Mattera, »Subsidizing the Corporate One Percent: Subsidy Tracker 2.0 Reveals Big-Business Dominance of State and Local Development Incentives«, Good Jobs First, Februar 2014.

3 Edward Humes, »Your iPhone's 500,000 mile journey to your pocket«, Wired magazine, April 12, 2016.

4 Robert Samuelson, »Die neue Globalisierung«, Washington Post, 16. Oktober 2013. Beachten Sie, dass die grenzüberschreitenden Finanzströme im Jahr 2017 nur noch ein Drittel des Niveaus von 2007 betragen; für aktualisierte Statistiken siehe Susan Lund, »The new dynamics of financial globalization«, McKinsey Global Institute, August 2017.

5 »Livestock and Meat International Trade Data«, US Department of Agriculture Economic Research Service (USDA ERS), September 2018 (Zugriff am 5. Oktober 2018); »Data by Commodity – Imports and Exports; Commodity: Potatoes«, USDA ERS, 18. Dezember 2018 (Zugriff am 22. Dezember 2018). Für aktuelle Daten, siehe: FAOSTAT (Ernährungs– und Landwirtschaftsorganisation der Vereinten Nationen), und »US Agricultural Trade Data Update«, USDA ERS, häufig aktualisiert. Siehe auch: Rianne C. ten Veen, »Global Food Swap«, Greening the North, Januar 2011; Caroline Lucas, »Stopping the Great Food Swap: Re-localizing Europe's Food Supply«, The Greens/European Free Alliance/ European Parliament, März 2001; Helena Norberg-Hodge, Todd Merrifield, and Steven Gorelick, Bringing the Food Economy Home (London: Zed Books, 2002), 18.

6 Paul Greenberg, »Warum importieren wir unseren eigenen Fisch?« New York Times, 20. Juni 2014.

7 Samuelson, op. cit.

8 Michael McLeay et al., »Money creation in the modern economy«, Bank of England Quarterly Bulletin, 2014 Q1. Siehe auch: David Graeber, »The truth is out: money is just an IOU, and banks are rolling in it«, The Guardian, 18. März 2014; Josh Ryan-Collins et al., Where Does Money Come From? A guide to the UK monetary and banking system, New Economics Foundation, 2012.

9 »Staatsverschuldung«, Daten der Organisation für wirtschaftliche Zusammenarbeit und Entwicklung (OECD) (Zugriff am 2. April 2019). Siehe auch: »How much is too much?« The Economist, 3. Juni 2015.

10 Duncan Green, »The world's top 100 economies: 31 countries; 69 corporations«, People, Spaces, Deliberation, Weltbank, 20. September 2016. Siehe auch: »State of Power 2014«, Transnational Institute, 2014.

11 »The Top 10«, Fortune Global 500, 2018; »The World Factbook«, US Central Intelligence Agency, 2017 (Zugriff am 17. Dezember 2018).

12 »Subventionen für fossile Brennstoffe: Überblick«, Oil Change International, aktualisiert im Oktober 2017.

3. Die wahren Kosten

1 Robert E. Scott, »NAFTA's Legacy«, Economic Policy Institute, 17. Dez. 2013.

2 Timothy A. Wise, »Agricultural Dumping Under NAFTA: Estimating the Cost of US Agricultural Policy to Mexican Producers«, Woodrow Wilson International Center for Scholars, 2010.

3 Mark Weisbrot, et al., »Did NAFTA Help Mexico? An Update After 23 Years«, Center for Economic and Policy Research, März 2017.

4 »How to… Oppose a Supermarket Planning Application«, Friends of the Earth UK, September 2005.

5 Die für 2018 prognostizierten Einzelhandelsumsätze in Höhe von 258 Mrd. USD geteilt durch 613.000 Beschäftigte im dritten Quartal 2018 entsprechen etwa 23 Beschäftigten pro 10 Mio. USD Einzelhandelsumsatz. Quellen: Ingrid Lunden, »Amazon's share of the US e-commerce market is now 49%, or 5% of all retail spend«, Tech Crunch, Juli 2018; Felix Richter, »Amazon's Workforce is More than a Half a Million Strong«, Statista, November 1, 2018.

6 Olivia Laveccia und Stacy Mitchell, »Amazon's Stranglehold: How the Company's Tightening Grip Is Stifling Competition, Erooting Jobs, and Threatening Communities«, Institute for Local Self-Reliance, November 2016.

7 John Vidal, »eco soundings«, The Guardian (London und Manchester), 6. September 2000, Rubrik »Gesellschaft«, 8.

8 Stacy Mitchell, »Die Wahrheit über Amazon und die Schaffung von Arbeitsplätzen«, Institute for Local Self-Reliance, 29. Juli 2013.

9 »Globale Werbeausgaben von 2010 bis 2018 (in Milliarden US-Dollar)«, Statista, 2018; Corey McNair, »Global Ad Spending: the eMarketer forecast for 2018«, eMarketer, 4. Mai 2018.

10 »Wo die Admen sind«, *Newsweek*, 14. März 1994, 34.
11 »Depression« (Fact Sheet No. 369), *Weltgesundheitsorganisation*, 22. März 2018.
12 Tony Dokoupil, »Why Suicide Has Become an Epidemic – and What We Can Do to Help«, *Newsweek*, 23. Mai 2013.
13 Eric Chivian und Aaron Bernstein, Hrsg. *Sustaining life: How human health depends on biodiversity*, Center for Health and the Global Environment, Harvard Medical School (New York: Oxford University Press, 2008).
14 Global Footprint Network Open Data Platform – Vereinigte Staaten von Amerika, Ökologischer Fußabdruck (Anzahl der Erden), 2014, http://data.footprintnetwork.org/ (abgerufen am 3. April 2019).
15 WTO und UNEP, *Handel und Klimawandel: Ein Bericht des Umweltprogramms der Vereinten Nationen und der Welthandelsorganisation* (Genf: WTO Publications, 2009), 53.
16 Kirk Semple, »Mexico Ready to Play the Corn Card in Trade Talks«, *New York Times*, 2. April 2017.
17 Jon Ungoed-Thomas, »British Prawns Go To China To Be Shelled«, *The Sunday Times*, 20. Mai 2007.
18 »Far Flung Foods: Europe's Distant Diets«, Europäische Wissenschaftsstiftung, 11. Dezember 2007.
19 »Livestock and Meat International Trade Data«, USDA ERS, aktualisiert am 28. März 2019 (abgerufen am 3. April 2019).
20 »Each Country's Share of CO_2 Emissions«, Union of Concerned Scientists, aktualisiert am 11. Oktober 2018; Navroz K. Dubash und Ankit Bhardwaj, »Guest post: India's emissions will double at most by 2030«, Carbon Brief, August 22, 2018.
21 »Eine Wirtschaft für die 99 %«, Oxfam International, 16. Januar 2017.
22 »Ungleichheit«, OECD, www.oecd.org/social/inequality (Zugriff am 19. Dezember 2018). Siehe auch: *Trade and Development Report 2012*, United Nations Conference on Trade and Development (UNCTAD), 2012; Ricardo Fuentes-Nieva und Nick Galasso, »Working for the Few«, Oxfam International, 20. Januar 2014; Richard G. Wilkinson und Kate Pickett, *The Spirit Level: Why More Equal Societies Almost Always Do Better* (New York: Bloomsbury Press, 2009).
23 Lorraine Woellert und Sharon Chen, »Widening Gap: China's Income Inequality Surpasses US, Posing Risk for the Leadership of Xi Jinping«, *Taipei Times*, 6. Mai 2014.
24 Franz Wild, »Von Dainfern nach Diepsloot: Eine kurze Reise durch das Wohlstandsgefälle in Südafrika«, *Mail & Guardian*, 7. Mai 2014.
25 »Slum Almanach 2015/2016«, UN Habitat, 9. Oktober 2016.
26 Sasha Chavkin et al., »How the World Bank Broke Its Promise To Protect The Poor« (Wie die Weltbank ihr Versprechen, die Armen zu schützen, gebrochen

hat), The International Consortium of Investigative Journalists (ICIJ), 16. April 2015.

27 »The Urban Disadvantage: State of the World's Mothers 2015«, Save the Children Federation, 2015.

28 Ian Johnson, »Chinas große Entwurzelung: Moving 250 Million Into Cities«, *New York Times*, 15. Juni 2013.

29 Mike Davis, »In New Economy, Textile Workers Hang by a Thread«, *Los Angeles Times*, 5. September 2004.

30 Aus einer FAO-Studie auf der Grundlage von 150 Länderberichten. *State of the World's Plant Genetic Resources for Food and Agriculture*, FAO (Rom: FAO, 1996).

31 »Agropoly: Eine Handvoll Konzerne kontrolliert die weltweite Nahrungsmittelproduktion«, Erklärung von Bern & Econexus, September 2013.

32 Frances Moore Lappé, »Farming for a Small Planet«, Local Futures (Blog), 9. Januar 2018.

4. Das Aufkommen des Extremismus

1 Martin Hart-Landsberg, »Confronting Capitalist Globalization«, Berichte von der Wirtschaftsfront (Blog), 16. Dezember 2016.

5. Lokalisierung – wie wir da hinkommen

1 »Towards an Alternative Trade Mandate for the EU«, Alternatives Handelsmandat, 2015. Die Seite ist archiviert; siehe die Version vom 15. Mai 2015 auf http://www.alternativetrademandate.org/resources/ (ursprünglicher Zugriff am 23. September 2015; Zugriff über Wayback Machine am 28. Dezember 2018).

2 »Rights for People, Rules for Corporations«, StopISDS.org, https://stopISDS.org (abgerufen am 3. April 2019).

3 Stacy Mitchell, »Wie staatliche Banken das Geld nach Hause bringen«, Yes! Magazin, September 23, 2011.

4 »Genuine Progress Indicator«, Zentrum für Nachhaltiges Wirtschaften und das Institute for Policy Studies. Die Seite ist archiviert; siehe die Version vom 20. Juli 2014 auf http://genuineprogress.net/genuine-progress-indicator/ (ursprünglicher Zugriff am 25. Juli 2014; Zugriff über Wayback Machine am 29. Dezember 2018).

5 Ida Kubiszewski et al., »Beyond GDP: Measuring and achieving global genuine progress«, Ecological Economics 93 (September 2013): 57-68; Claudio O. Delang und Yi Hang Yu, Measuring Welfare beyond Economics: The Genuine Progress of Hong Kong and Singapore (London: Routledge, 2015); Daniel Caixeta Andrade und Junior Ruiz Garcia, »Estimating the Genuine Progress Indicator (GPI) for Brazil from 1970 to 2010«, Ecological Economics 118 (Okto-

ber 2015): 49-56; Marta Ceroni, »Beyond GDP: US-Bundesstaaten haben echte Fortschrittsindikatoren eingeführt«, The Guardian, 23. September 2014.
6 »No. 113. Ein Gesetz in Bezug auf den echten Fortschrittsindikator (S.237)«, Vermont State Legislature, 2012, VT LEG 280576.1.
7 »Premierminister von Bhutan zweifelt am Bruttonationalglück«, BBC News, 2. August 2013.
8 David Funkhouser, »How Much Do Renewables Actually Depend on Tax Breaks?« State of the Planet, Columbia University Earth Institute, 16. März 2018.
9 Rob Jordan, »Stanford researcher maps out alternative energy future for New York«, Stanford Report, 12. März 2013.
10 Muhammad Musa, S. M. Bokhtiar, and Tayan Raj Gurung (Eds.), »Status and future prospect of organic agriculture for safe food security in SAARC countries«, SAARC Agricultural Centre, Dezember 2015.
11 »Bill to Promote Local Food Passes Final Vote«, Ontario Ministry of Agriculture, Food and Rural Affairs, November 5, 2013.
12 Zentrum für guten Lebensmitteleinkauf, https://goodfoodpurchasing.org/ (abgerufen am 18. Dezember 2019).
13 Rodger Cooley, »Chicago Food Policy Action Council applaudiert Cook County Annahme von Good Food Purchasing Program«, Good Food Purchasing Program, 16. Mai 2018.
14 Eleanor Ainge Roy, »South Pacific islands ban western junk food and go organic«, The Guardian, Feb 2, 2017.
15 »Cottage Food Laws«, http://forrager.com/laws/ (Zugriff am 18. Dezember 2018).
16 Jula Bayly, »One Year After Becoming Law, Food Sovereignty in Maine has Taken Hold«, Bangor Daily News, 26. November 2018; Text aus »The Maine Food Sovereignty Act«, Maine Legislature, 2017, c. 314, §1.
17 Kimiko de Freytas-Tamura, »Welsh Town Leads a British Revolt Against the Tax System and Corporations«, The New York Times, 21. Februar 2016; Rebecca Rutt, »The Welsh Town that has moved its local businesses 'offshore' to shame HMRC into tackling tax-avoidance of Amazon and Google…« ThisisMoney.co.uk, 20. Januar 2016.

6. Inspiration von der Basis

1 Ken Tumin, »Wie hat sich die Finanzkrise auf den Marktanteil der Credit Union ausgewirkt?« DepositAccounts.com (Zugriff am 10. April 2019).
2 Margrit Kennedy, Bernard Lietaer, und John Rogers, *People Money – the Promise of Regional Currencies* (Devon, UK: Triarchy Press), 2012, 27.
3 Slow Money, https://slowmoney.org/about (Zugriff am 28. Dezember 2018). Siehe auch: Michael Shuman, »24 Ways to Invest Locally«, Post Carbon Insti-

tute, 11. Oktober 2013; Michael Shuman, »Invest Locally: put your money where your life is«, *Yes! Magazin*, 5. Juni 2009.

4 »About CTTE«, Cape Town Talent Exchange (Zugriff 4. April 2019); »Trading without Money«, http://learningclan.net/trading/ (Zugriff 4. April 2019); »Talent Market – Saturday March 30, 2019«, Cape Town Talent Exchange (Zugriff 4. April 2019); »What is the CES?« Community Exchange System (abgerufen am 4. April 2019).

5 Local Futures hat seit den 1990er Jahren lokale Währungen gefördert und zwei von unseren Büros in Berkeley und Vermont aus gesponsert. Unsere Erfahrung und die anderer Organisatoren von Lokalwährungen im Laufe der Jahre ist, dass diese Initiativen in der Regel nur ein enges Spektrum von Dienstleistungen – wie Babysitting und Massage – abdecken können und im Allgemeinen nicht in der Lage sind, andere Bedürfnisse zu erfüllen. Alternativwährungen scheinen am besten zu funktionieren, wenn sie als Ergänzung zu lokalen Lebensmittelprojekten eingesetzt werden, und sie können auch in bestimmten Kontexten wie Ökodörfern, Festivals oder Mitfahrgelegenheiten erfolgreich sein.

6 Joseph Pisani, »McDonald's will Restaurants in China fast verdoppeln«, *USA Today*, 8. August 2017; Matt Rosenberg, »Number of McDonald's Restaurants Worldwide«, ThoughtCo, 11. Februar 2018, mit Daten von der Website der McDonald's Corporation.

7 »Sharing the sun: Community solar gardens taking off around the US«, Energy Sage, 3. Januar 2018.

8 »Evergreen Energy Solutions«, Evergreen Cooperative Corporation, 2016 (abgerufen am 9. April 2019); »Community Solar FAQ«, Cooperative Energy Futures (abgerufen am 9. April 2019).

9 Energiewende-Team, »Die Rekommunalisierung des Hamburger Netzes«, Energy Transition, 27. Juni 2014.

10 Naomi Klein, »Boulder, Colorado vs. Xcel Energy«, https://solutions.thischangeseverything.org/ (abgerufen am 9. April 2019). Nachzulesen in *This changes everything: Capitalism vs. the climate* (Simon and Schuster, 2015).

11 Shay Castle, »Boulder moves forward with municipal utility as Xcel sets clean energy goals«, Daily Camera *Boulder News*, December 5, 2018.

12 Wisland, Laura, »Community Choice Aggregation Puts Communities in Control of Their Electricity«, Union of Concerned Scientists, 10 Sept 2018.

13 »Unsere Arbeit«, Resilient Power Puerto Rico, https://resilientpowerpr.org (abgerufen am 10. April 2019).

14 »Community Supported Agriculture«, USDA National Agricultural Library, September 2018.

15 »National Count of Farmers Market Directory Listing Graph: 1994-2014«, USDA Agricultural Marketing Service, 2014; »About Farmers Markets«,

Farmers Market Coalition, 2018, mit Daten vom USDA National Farmers Market Directory.
16 Alicia Miller, »Making Markets Mainstream«, Sustainable Food Trust, 23. Juni 2014.
17 Helga Willer und Julia Lernoud, »World of Organic Agriculture Statistics and Emerging Trends 2018«, FiBL & IFOAM – Organics International, Februar 2018.
18 »Über den Betrieb« und »Misserfolge im Herbst«, Four Root Farm, http://www.fourrootfarm.com/ (abgerufen am 3. April 2019).
19 American Farmland Trust, »Farms Under Threat: The State of America's Farmland«, 9. Mai 2018.
20 Agrarian Trust, https://agrariantrust.org (abgerufen am 3. April 2019).
21 »National Young Farmers Coalition 2017 Annual Report«, National Young Farmers Coalition, 2017.
22 »The International Peasant's Voice«, La Via Campesina, 2018 (Zugriff am 18. Dezember 2018).
23 »Erklärung: Internationales Jugendkoordinierungstreffen von La Via Campesina«, La Via Campesina, 13. Mai 2011.
24 »Community Network Map«, Institute for Local Self-Reliance, muninetworks.org, Januar 2018 (Zugriff am 18. Dezember 2018).
25 »Was ist Waldschule? « Forest School Association (abgerufen am 3. April 2019).
26 Shikshantar, http://www.shikshantar.org/ (abgerufen am 2. April 2019).
27 Didi Pershouse, »Sustainable Medicine Manifesto«, Zentrum für nachhaltige Medizin, 2007.
28 Global Ecovillage Network, https://ecovillage.org/ (Zugriff am 18. Dezember 2018).
29 »Über Repair Café«, https://repaircafe.org/ (abgerufen am 3. April 2019).
30 Community Environmental Legal Defense Fund, http://celdf.org/ (Zugriff am 18. Dezember 2018).
31 »About the Landworkers' Alliance«, Landworkers' Alliance, 2017 (abgerufen am 3. April 2019).
32 »Hidroeléctrica Puebla 1, Puebla, Mexiko«, Environmental Justice Atlas, 1. Februar 2017.
33 »Walmart Store in Cuetzalan, Puebla, Mexiko«, Environmental Justice Atlas, 3. März 2017.
34 Roberto Gonzalez Amádor, »Cuetzalan frenó a Wal-Mart; se impuso la economía real«, *La Jornada,* April 25, 2012.
35 David Barstow, »Wal-Mart Hushed Up a Vast Mexican Bribery Case«, *New York Times,* 21. April 2012.
36 María Luisa Albores, »Experiencia de Agroecología en la Tosepan…«, La Jornada del Campo, December 17, 2016. See also: »Tosepantomin«, Unión de

Cooperativas Tosepan, 2016; »Yolseuiloyan: Donde el Corazón descansa y se fortalece«, Unión de Cooperativas Tosepan, 2018.

7. Lokale Lebensmittel für unsere Zukunft

1 »Who Will Feed Us? The Peasant Food Web vs. The Industrial Food Chain«, 3. Auflage, ETC Group, 2017.
2 Reynard Loki, »Corporate Food Brands Drive the Massive Dead Zone in the Gulf of Mexico«, Truthout, August 28, 2018.
3 Natasha Gilbert, »Ein Drittel unserer Treibhausgasemissionen stammen aus der Landwirtschaft«, *Nature News*, 31. Oktober 2012.
4 »Summary of Recall Cases in Calendar Year 2018«, USDA Food Safety Inspection Service, 14. Januar 2019 (Zugriff am 11. April 2019).
5 Maggie Koerth-Baker, »Big Farms are Getting Bigger and Most Small Farms Aren't Really Farms at All«, FiveThirtyEight, November 17, 2016; »Factory Farms Destroy Communities«, Socially Responsible Agriculture Project (SRAP), 2019 (Zugriff am 1. April 2019).
6 Mike Davis, »Slum Ecology«, *Orion Magazine* (abgerufen am 12. April 2019). Nachzulesen in *Planet of Slums* (London: Verso, 2006).
7 »Report of the Panel of Eminent Experts on Ethics in Food and Agriculture, Fourth Session 26-28 November 2007«, FAO, 2007, https://tinyurl.com7y 8ak9hj8
8 »FAO schlägt Alarm wegen des Verlusts von Nutztierrassen«, FAO Newsroom, September 4, 2007, https://tinyurl.com/y8rufksr
9 Charles Siebert, »Food Ark«, *National Geographic Magazine*, Juli 2011; »Protecting the Food Ark«, Rural Advancement Foundation International-USA, Juli 7, 2011.
10 Siehe zum Beispiel Peter Rosset, »The Multiple Functions and Benefits of Small farm Agriculture in the Context of Global Trade Negotiations, Policy Brief #4«, Institute for Food and Development Policy, 1999; ETC Group, *op. cit.*
11 Pine Island Community Farm, http://www.pineislandfarmvt.com (abgerufen am 6. April 2019).
12 »Régie agricole, Ville de Mouans-Sartoux, https://www.mouans-sartoux.net/la-regie-agricole (abgerufen am 6. April 2019). Siehe auch: Sakoto Kishimoto, Olivier Petitjean und Lavinia Steinfort, »Reclaming Public Services: how cities and citizens are turning back privatisation«, Transnational Institute, Juni 2017; Jofre Rodrigo et al., »Local authorities supporting access to land for farmers: stories from Europe«, European Access to Land network, Juni 2017.
13 Jon Jandai, »Das Leben ist einfach. Why do we make it so hard?« Gefilmt bei TEDxDoiSuthep, Chiang Mai, Thailand, August 2011, Video.

14 Pun Pun Center for Self-Reliance, http://www.punpunthailand.org/ (Zugriff am 20. März 2017).
15 Jandai, *op. cit.*
16 Jandai, *op. cit.*

8. Entgegnung auf Einwände

1 Damian Carrington, »Land taken over by foreign investors could feed 550m people, study finds«, *The Guardian*, 27. Juni 2014.
2 Ian Johnson, »China's Great Uprooting: Moving 250 Million Into Cities«, *New York Times*, 15. Juni 2013.
3 »New Census Data Show Differences Between Rural and Urban Populations«, United States Census Bureau, 8. Dezember 2016; »Farm Demographics – U.S. Farmers by Gender, Age, Race, Ethnicity, and More«, United States Department of Agriculture, Mai 2014.
4 John W. Day und Charles Hall, »The Myth of the Sustainable City«, *Scientific American*, 21. August 2016.
5 UNCTAD-Bericht: »Mosaik-Ansatz für die Landwirtschaft wählen, Unterstützung für Kleinbauern verstärken«, UNCTAD, Pressemitteilung vom 17. September 2013.
6 »Hungrig nach Land: Kleinbauern ernähren die Welt mit weniger als einem Viertel aller Flächen«, *GRAIN*, 28. Mai 2014.

9. Globalisierung zum zweiten

1 »Special Update on Investor-State Dispute Settlement: Facts and Figures«, UNCTAD Investment Policy Hub, IIA Issues Note, Ausgabe 3, November 2017.
2 Die ersten fünf Beispiele in dieser Liste sind diesem Bericht entnommen: »A Transatlantic Corporate Bill of Rights: Investor privileges in EU-US trade deal threaten public interest and democracy«, The Seattle to Brussels Network, Corporate Europe Observatory, and The Transnational Institute, June 3, 2013. Hier verwendet in Übereinstimmung mit der Creative Commons Attribution-Non Commercial-Share Alike 3.0 Unported License. Gabriel Resources vs. Rumänien, siehe: Adam Cerna Clark, »Wessen Souveränität? Gabriel Resources v. Romania«, *Huffington Post*, 5. August 2016; »Gabriel Resources v. Romania«, UNCTAD Investment Policy Hub (Zugriff am 9. April 2019).
3 David Ricardo, Über die Grundsätze der politischen Ökonomie und der Besteuerung (London: John Murray, 1817).
4 Man braucht nur einen Blick auf die ruinierte Wirtschaft Venezuelas zu werfen, um zu sehen, was mit Ländern passieren kann, die sich den komparativen Vorteil zunutze machen. Jahrzehntelang bestand die wirtschaftliche Strategie Venezuelas darin, Öl zu verkaufen – das einzige Produkt, bei dem das Land

einen »komparativen Vorteil« hat – und mit den Erlösen alles andere zu kaufen, was es brauchte. Jetzt, da der Ölpreis gesunken ist, sind die Lebensmittelregale leer, und die Wirtschaft bricht zusammen.

5 Elisabeth Rosenthal, »Environmental Cost of Shipping Groceries Around the World«, New York Times, 26. April 2008.

6 Kathleen Willcox, »Mongolia, Cheese, and the Future of Dairy in the Era of Climate Change«, Civil Eats, 3. Januar 2019.

7 Tom Coburn, »Treasure Map: The Market Access Program's Bounty of Waste, Loot and Spoils Plundered from Taxpayers«, Juni 2012; Tad DeHaven, »Export Subsidies: Market Access Program«, Mercatus Center at George Mason University, 8. März 2018.

8 Arthur MacEwan, »Die Ex-Im Bank: 'Crony Capitalism'? « Dollars & Sense, 10. September 2014.

9 »Frequently Asked Questions« und »Concentration 1995-2017«, Environmental Working Group Farm Subsidy Database, http://farm.ewg.org/ (Zugriff am 18. Dezember 2018).

10 »Megadeals«, Good Jobs First, Juni 2018 (Zugriff am 18. Dezember 2018).

11 »Wal-Mart Subsidy Watch: How Wal-Mart Has Used Public Money in Your State«, Good Jobs First, 2007; »Amazon: Taxpayer Subsidies Help Build Its Monopoly«, Good Jobs First, 2018 (Zugriff am 18. Dezember 2018); Robert McCartney, »Amazon HQ2 to benefit from more than $2.4 billion in incentives from Virginia, New York and Tennessee«, *Washington Post,* November 13, 2018.

12 James Felkerson, »$29.000.000.000.000: A Detailed Look at the Fed's Bailout by Funding Facility and Recipient«, Levy Economics Institute of Bard College, Dezember 2011.

13 »Entwicklungsbanken unterstützen globales Infrastrukturzentrum der G20«, Business Insider, 13. November 2014.

14 Jeff Spross, »Globales Ponzi-Schema: We're Taking $7.3 Trillion A Year In Natural Capital From Our Children Without Paying For It«, Think Progress, 23. April 2013.

15 Damian Carrington, »Fossil fuels subsidised by $10m a minute, says IMF«, *The Guardian*, 18. Mai 2015.

16 Richard Dobbs et al., »Infrastructure productivity: How to save $1 trillion a year«, McKinsey Global Institute, Januar 2013.

17 Juliette Jowit, »World's top firms cause US$ 2.2tn of environmental damage, report estimates«, *The Guardian*, 18. Februar 2010.

18 Robert Costanza et al., »Changes in the global value of ecosystem services«, *Global Environmental Change* 26 (Mai 2014): 152-158.

19 Laura Beans, »New Study Traces Two-Thirds of Industrial Emissions to Just 90 Institutions«, EcoWatch, November 21, 2013.

20 Gavin Stamp, »Counting the cost of the slave trade«, *BBC News*, 20. März 2007; Balford Henry, »£7.5 trillion for slavery: Reparationskommission sagt, dass Ja 2,3 Billionen Pfund der Gesamtsumme für die Karibik zustehen würden«, *Jamaica Observer*, 22. September 2014.
21 Das WTO-Finanzdienstleistungsabkommen wird wie geplant in Kraft treten«, Welthandelsorganisation, WTO NEWS, Pressemitteilung vom 15. Februar 1999.
22 David C. Korten, *Agenda for a New Economy*, (San Francisco: Berrett-Koehler), 21.
23 McLeay, *op. cit.* Siehe auch: Graeber, *op. cit.* und Ryan-Collins, *op. cit.*
24 »OTC-Derivatestatistiken per Ende Juni 2018«, Bank für Internationalen Zahlungsausgleich, 31. Oktober 2018. Für eine zusätzliche Diskussion über die Auswirkungen der hohen Derivate, siehe: »Why Derivatives May Be the Biggest Risk for the Global Economy«, *Time* magazine online, 27. März 2013.
25 »Warren Buffet on Derivatives« (Auszüge aus dem Jahresbericht von Berkshire Hathaway für 2002), https://www.fintools.com/docs/Warren%20Buffet%20on%20Derivatives.pdf (abgerufen am 10. April 2019). Siehe auch: Jeff Cox, »The value of what Buffett called 'financial weapons of mass destruction' is plunging«, *CNBC News*, May 4, 2018.
26 »Schulden und (wenig) Schuldenabbau«, McKinsey Global Institute, Februar 2015.
27 Robert J. Samuelson, »The 247 Billion Global Debt Bomb«, *Washington Post*, 15. Juli 2018.
28 Felicity Lawrence, »Globale Nahrungsmittelkrise: Die Spekulanten spielen mit unserem täglichen Brot«, *The Guardian*, 2. Juni 2011.
29 Ken-Hou Lin und Donald Tomaskovic-Devey, »How Financialization Leads to Income Inequality«, Institute for New Economic Thinking, 17. Oktober 2014.
30 US Debt Clock, http://www.usdebtclock.org (Zugriff am 14. Dezember 2018).
31 Siehe z. B. Greece: »Greece's Austerity Measures«, BBC News, 5. Mai 2010; »Financial Assistance to Greece«, Europäische Kommission, aktualisiert im November 2018 (Zugriff am 22. Dezember 2018).
32 Bill Moyers und Michael Winship, »Don't Let Net Neutrality Become Another Broken Promise«, *Huffington Post*, 5. Juli 2014.
33 T.W. Farnam, »Study shows revolving door of employment between Congress, lobbying firms«, *Washington Post*, September 13, 2011.
34 Citizens Trade Campaign, »What Corporations Want with the TPP«, www.flushthetpp.org/tpp-corporate-insiders (Zugriff am 23. Dezember 2018).
35 C. Robert Gibson und Taylor Channing, »Here's how much corporations paid US Senators to fast-track the TPP bill«, *The Guardian* (US-Ausgabe), 27. Mai 2015.

10. Die Vergangenheit neu denken

1 Kolumbus sagte über die Arawaks: »Sie waren gut gebaut, mit guten Körpern und schönen Gesichtszügen … so frei mit ihrem Besitz, dass niemand, der sie nicht gesehen hat, es glauben würde. Wenn man sie um etwas bittet, das sie haben, sagen sie niemals nein. »Howard Zinn, *A People's History of the United States* (HarperCollins, 2003). Siehe auch: Marshall Sahlins, *Steinzeitökonomie* (Routledge, 1974). Für eine Entlarvung der angeblichen Plackerei des vormodernen Lebens in Europa, siehe Juliet Schor, *The Overworked American* (Basic Books, 1992).

2 »Mehr als die Hälfte der schwedischen Haushalte besteht aus einer Person«, Eurostat (Europäische Kommission), 5. September 2017.

3 Einsamkeit wurde als »Krise der öffentlichen Gesundheit« bezeichnet, und das Alleinleben steht in Zusammenhang mit einem erhöhten Risiko für alkoholbedingte Todesfälle, Depressionen und Selbstmord. Siehe Jena McGregor, »This former surgeon general says there's a 'loneliness epidemic' and work is partly to blame«, *Washington Post*, October 4, 2017. Zur Korrelation mit alkoholbedingten Todesfällen siehe: »Living alone is associated with an increased risk of alcohol-related deaths«, *EurekAlert!*, American Association for the Advancement of Sciences (AAAS), 20. September 2011. Zum Zusammenhang mit Depressionen, siehe: Menschen, die allein leben, sind »depressiver«, *BBC News*, 23. März 2012. Zur Korrelation mit dem Suizidrisiko siehe: Barbara Schneider et al., »Living alone, obesity, and smoking increase risk for suicide independently of depressive mood findings from the population-based MONICA/KORA Augsburg cohort study«, *Journal of Affective Disorders* 152-154 (January 2014): 416-21.

Danksagung

Ich setze mich nun bereits seit mehr als vier Jahrzehnten für die wirtschaftliche Lokalisierung ein, daher stammen der Rahmen und die Kernideen dieses Buches von mir. Der Prozess, diese Ideen auf Papier zu bringen, war jedoch eine gemeinschaftliche Anstrengung. Ich habe das Privileg, bei Local Futures mit einem wirklich bemerkenswerten Team von klugen, fürsorglichen und fähigen Menschen zusammenzuarbeiten.

Für dieses Buch bin ich vier von ihnen besonders dankbar. Mein langjähriger Freund und Kollege Steve Gorelick hat eine zentrale Rolle gespielt. Seine Geduld und seine hervorragenden redaktionellen Fähigkeiten waren zusammen mit seiner Hilfe bei der Strukturierung und Ausarbeitung der grundlegenden Argumente von entscheidender Bedeutung. Auch Henry Coleman unterstützte mich mit seinen redaktionellen und schriftstellerischen Fähigkeiten. Carly Gayle leistete unschätzbare Hilfe bei der Recherche und beim Lektorat, während meine seit 15 Jahren stets präsente Assistentin Marjana Kos nicht nur das gesamte Projekt überwachte, sondern auch sehr geschätztes Feedback gab.

Und schließlich hat mich mein Partner in allen Dingen, John Page, immer wieder ermutigt, etwas hervorzubringen, das nicht nur wertvoll, sondern auch lesbar ist. Ich hoffe, das ist uns gelungen.

Über die Autorin

Die Autorin und Filmemacherin Helena Norberg-Hodge ist eine Pionierin der lokalen Wirtschaftsbewegung. Durch ihre Schriften und öffentlichen Vorträge auf drei Kontinenten setzt sie sich seit vier Jahrzehnten für eine Ökonomie des persönlichen, sozialen und ökologischen Wohlbefindens ein. Sie ist eine weithin anerkannte Analytikerin der Auswirkungen der globalen Wirtschaft und der internationalen Entwicklung auf lokale Gemeinschaften, die lokale Wirtschaft und die persönliche Identität und eine führende Verfechterin der Lokalisierung bzw. Dezentralisierung als Mittel zur Bekämpfung dieser Auswirkungen. Für diese Arbeit wurde sie 2012 mit dem renommierten Goi-Friedenspreis und 2017 mit dem Arthur-Morgan-Preis ausgezeichnet.

Ihr inspirierender Klassiker *Ancient Futures* wurde zusammen mit dem gleichnamigen Film in mehr als 40 Sprachen übersetzt und über eine halbe Million Mal verkauft. Sie ist auch die Produzentin und Co-Regisseurin des preisgekrönten Films *The Economics of Happiness*. Helena hat zahlreiche Artikel, Essays und Buchbeiträge verfasst und ist Mitautorin von zwei bahnbrechenden Büchern über Lebensmittel und Landwirtschaft: *Bringing the Food Economy Home* und *From the Ground Up: Rethinking Industrial Agriculture*.

Das *Earth Journal* zählte Helena zu den »zehn interessantesten Umweltschützern der Welt«, während Carl McDaniel sie in seinem Buch *Wisdom for a Liveable Planet* als eine von »acht Visionären, die die Welt verändern« bezeichnete. Seit 1975 arbeitet sie mit den Menschen in Ladakh, dem so genannten »Klein-Tibet«, zusammen, um Wege zu finden, wie deren Kultur mit der modernen Welt in Einklang gebracht werden kann, ohne soziale und ökologische Werte zu opfern. Für diese Bemühungen wurde sie mit dem Right Livelihood Award, dem »Alternativen Nobelpreis«, ausgezeichnet.

Nach ihrer Ausbildung in Schweden, Deutschland, Österreich, England und den Vereinigten Staaten spezialisierte sich Helena auf Linguistik und studierte unter anderem an der University of London und bei Noam Chomsky am MIT. Sie unterrichtete in sieben Sprachen an zahlreichen

Universitäten, darunter Oxford, Harvard, Melbourne, Tokio, Stockholm und München, und war Regents' Lecturer in der Energy and Resources Group an der University of California, Berkeley. Sie hat außerdem regelmäßig am Schumacher College unterrichtet und war weltweit in Rundfunk, Print- und Online-Medien vertreten, darunter MSNBC, *The London Times, The Sydney Morning Herald* und *The Guardian*.

Helena ist die Gründerin und Leiterin von Local Futures und der International Alliance for Localization (IAL). Sie ist außerdem Gründungsmitglied der International Commission on the Future of Food and Agriculture, des International Forum on Globalization und des Global Ecovillage Network.

Über Local Futures

Local Futures (ehemals International Society for Ecology and Culture) setzt sich für die Erneuerung des ökologischen, sozialen und spirituellen Wohlbefindens ein, indem es einen systemischen Wandel hin zur wirtschaftlichen Lokalisierung fördert. Als international anerkannter Fürsprecher neuer Wirtschaftsformen hat Local Futures seit vier Jahrzehnten das Bewusstsein für dieses Thema geschärft.

Mit seinem Flaggschiffprogramm »Ökonomie des Glücks« bietet Local Futures Gemeinden eine Reihe von pädagogischen und praktischen Werkzeugen für einen Richtungswechsel – weg von der Abhängigkeit von globalen Monopolen und hin zu dezentralen, regionalen Wirtschaften. Der preisgekrönte Film *The Economics of Happiness* (2011) ist das Herzstück dieses Programms und wird weiterhin regelmäßig auf der ganzen Welt gezeigt. Local Futures organisiert außerdem jedes Jahr eine Reihe von Konferenzen unter dem Motto »Economics of Happiness« (Ökonomie des Glücks) und bietet damit ein internationales Forum für Befürworter der Lokalisierung aus verschiedenen Teilen der Welt, um miteinander in Kontakt zu treten.

Local Futures begann 1978 als *The Ladakh Project* und konzentrierte sich zunächst auf die Unterstützung der einheimischen Kultur Ladakhs, indem es die idealisierten Bilder der westlichen Konsumkultur, die durch Tourismus und Erschließung in die Region strömten, entlarvte. Gemeinsam mit ladakhischen Führern gründete Local Futures die ersten Nichtregierungsorganisationen in der Region, förderte den ökologischen Landbau und entwickelte eine Reihe von Technologien für erneuerbare Energien.

Seitdem hat Local Futures zahlreiche Basisinitiativen sowohl im Globalen Norden als auch im Süden unterstützt und initiiert. Als »Think-and-Do-Tank« produziert Local Futures Bücher, Filme, Online-Materialien, Lehrpläne für Studiengruppen und sogar Comic-Hefte zur Stärkung des ökologischen und sozialen Wohlergehens und organisiert Konferenzen, Workshops und öffentliche Vorträge, um die global-lokale Perspektive zu verbreiten. Als eine der ersten Nichtregierungsorganisationen weltweit, die sich für die Förderung lokaler Lebensmittel einsetzte, ist Local Futures nach wie vor fast einzigartig, was die internationale Perspektive anbelangt. Die Organisation hat mehrere Bücher und zahlreiche Berichte veröffentlicht, in denen sie die industrielle Lebensmittelproduktion kritisiert und lokale Alternativen fördert. Ihr multimediales Local Food Toolkit wurde mit dem Derek Cooper Award for Investigative Journalism ausgezeichnet.

Heute unterhält Local Futures Büros in den USA, im Vereinigten Königreich, in Mexiko und Australien und hat Schwesterorganisationen in Deutschland und Japan.

LOCAL FUTURES

www.localfutures.org

In diesem klug auf Fakten aufgebauten Buch zeigt Vandana Shiva, wie eine kleine Gruppe superreicher Einzelpersonen, Stiftungen und Investmentfirmen die Kontrolle über unsere Lebensmittelversorgung, unser Informationssystem, unser Gesundheitswesen und unsere Demokratien immer weiter ausbaut. Die Autorin macht sehr deutlich, dass unser Überleben von der Vielfalt unseres Saatgutes und dass unsere Demokratien von einer aufgeklärten Öffentlichkeit abhängen. Es ist ein sehr leidenschaftlicher, weiblicher wissenschaftlicher Diskurs, der eine globale Leserschaft verdient.

Vandana Shiva
Eine Erde für alle! – Einssein versus das 1 %
Aufstehen gegen die Monokultur von Wirtschaft und Weltsicht
Klappenbroschur, ca. 192 Seiten
ISBN 978-3-89060-797-9

Nur die eine Erde erklärt die planetarischen Lebenserhaltungssysteme in ihrer Ganzheit, bietet eine umfassende Gesamtdarstellung der globalen ökologischen Krise und zeigt die uns verbleibenden Optionen auf, um ein zuträgliches Klima und die noch vorhandene Artenvielfalt zu retten, die Verseuchung zu beenden und die Ökosphäre dieses Planeten zu heilen.

Auch das Gleichgewicht der menschlichen Gesundheit können wir nicht vom Gleichgewicht des Planeten trennen, denn *die Gesundheit des Menschen beruht auf der Gesundheit des Planeten*. Es ist nicht nur unsere Gesundheit, die zusehends schwindet (und das nicht erst seit der Corona-Krise), sondern das ganze Netz der Lebenserhaltungssysteme der Erde.

Fred Hageneder
Nur die eine Erde
Globaler Zusammenbruch oder globale Heilung – unsere Wahl
Klappenbroschur, 384 Seiten, mit 25 Abbildungen
ISBN 978-3-89060-796-2

Diese brandaktuelle Sammlung von Essays, geschrieben von Leitfiguren der Spiritualität und des Naturschutzes rund um die Welt, beleuchtet den grundlegenden Zusammenhang unserer gegenwärtigen ökologischen Krise mit unserem fehlenden Bewusstsein für die Heiligkeit der Schöpfung. Diese 20 Beiträge zeigen uns, wie die Menschheit ihre Beziehung zur Erde wandeln und erneuern kann.

Buch-Trailer

Llewellyn Vaughan-Lee (Hrsg.)
Spirituelle Ökologie
Der Ruf der Erde
Paperback, 256 Seiten
ISBN 978-3-89060-654-5

Hier kann man sich zum **Neue Erde-Newsletter** anmelden:
newsletter.neueerde.de/anmeldung

NEUE ERDE im Buchhandel

Neue Erde ist ein kleiner unabhängiger Verlag, und der unabhängige Buchhandel ist unser natürlicher Partner. Wir unterstützen die Initiative »buy local«.

Sollte es Lieferschwierigkeiten bei den Büchern von NEUE ERDE geben, lassen Sie immer im VLB (Verzeichnis lieferbarer Bücher) nachsehen, im Internet unter **www.buchhandel.de**

Alle lieferbaren Titel des Verlags sind für den Buchhandel verfügbar.

Sie finden unsere Bücher auch auf unserer Homepage **www.neue-erde.de** oder in unserem Gesamtverzeichnis, welches Sie gerne hier anfordern können:

NEUE ERDE GmbH
Cecilienstr. 29 · 66111 Saarbrücken
info@neue-erde.de

NEUE ERDE